Zwei Marburger

Szenische Annäherungen an Hermann Reis und Hans Krawielitzki

Horst J. Rieth

Zwei Marburger

Szenische Annäherungen an Hermann Reis und Hans Krawielitzki

Vorderes Umschlagbild: Treppenhaus der Martin-Luther-Schule Marburg (Foto Horst J. Rieth)

Die Deutsche Nationalbibliothek verzeichnet diese Publikation in der Deutschen Nationalbibliografie.

ISBN 9789403601021

Verlagsportal: OSIANDER/bookmundo

Gedruckt in Deutschland

Die Treppe

Diese Treppe sind wir alle gegangen. Mein Vater in den dreißiger Jahren des letzten Jahrhunderts, meine Schulkameraden und ich in den sechziger Jahren, Hermann Reis und Hans Krawielitzki in den Jahren vor dem ersten Weltkrieg.

Auch heute gehen Schüler diese Treppe der Marburger Schule hinauf, am schmiedeeisernen Geländer mit poliertem Handlauf aus Holz entlang, entlang am dekorativen Wechselspiel von kunstvoll gebogenen und geraden, in sich verdrehten Eisenstangen, die das Geländer auf jeder Stufe verankern. Rote Sandsteinsäulen auf den Treppenabsätzen, alles unverändert seit mehr als hundert Jahren. Treppe und Geländer überdauerten Zeitläufe, Lehrer und Schüler. Namen wie Oberrealschule und Reformrealgymnasium, Adolf-Hitler-Schule, Realgymnasium, Martin-Luther-Schule wechselten sich ab. Die Treppe und das Geländer werden auch in fünfzig Jahren noch da sein.

Horst J. Rieth, Kernen, 06.06.2020

Inhalt

Die Szenen in diesem Buch sind ein Produkt der Imagination.

Viele gehen zurück auf historische Quellen, auch wenn diese den genauen Ablauf oder gar Wortlaut nicht vorgegeben haben. Andere Szenen habe ich erfunden. Im luftleeren Raum sind sie dennoch nicht entstanden.

Die Anmerkungen am Schluss des Buches mögen dies belegen.

1911 – Der Zusammenstoß

Schon vor zwei Minuten hat es geschellt: Pausenende. Die Schüler sind schon in den Klassen oder wenigstens auf der Treppe unterwegs dorthin. Hermann Reis hat ein Problem. Seine Jacke hängt noch auf dem Pausenhof, auf einer eisernen Zaunspitze, es ist warm und er hat sie ausgezogen und aufgehängt – und vergessen. Er darf sie nicht verlieren, auf keinen Fall. Und er will unter keinen Umständen zu spät in den Klassenraum kommen. Dies lassen die Lehrer auch den „Größeren“ nicht durchgehen. Also rennt er zurück, die Treppe hinunter, ungelenk, stolpernd, panisch. Auf dem Treppenabsatz fällt er fast in eine Gruppe Quintaner, die ihm entgegenkommen, einen stößt er fast um. „Pass doch auf!“, brüllt der Angerempelte. „Weißte wer das war, Hans?“ „Nein.“ „Das war einer der Juden. Reis oder so ähnlich heißt er.“

1911 – Im Israelitischen Schülerheim

„Auch der Sport ist wichtig! Du solltest dich mehr bemühen!“ Dr. Schlesinger, der Leiter des Israelitischen Lehrlings- und Schülerheims in der Schwanallee rügte Hermann Reis nicht zum ersten Mal für seine dürftigen sportlichen Leistungen. Schlesinger kümmerte sich nicht nur um die Unterkunft und Verpflegung der aus dem Umland Marburgs kommenden jüdischen Schüler und Lehrlinge, er wachte auch über die Hausaufgaben, kontrollierte schulische Leistungen und erzog zur Einhaltung der jüdischen Glaubensregeln.

„Ich bin fast überall ziemlich gut! Aber ich kann einfach keinen Sport! Ich bin zu langsam und es macht keinen Spaß! Und immer wieder Fußball … Niemand ist überall gut!“

„Aber du bist Jude und wir müssen uns die Anerkennung immer wieder hart verdienen. Und es ist arrogant, keinen Fußball zu mögen, es gibt hervorragende jüdische Mannschaften!“

„Ich bin nicht ‚Jude‘, ich bin ein deutscher Schüler der Oberrealschule Marburg mit jüdischem Glauben!“

„Und auch den praktizierst du sehr lasch!“, setzte Schlesinger nach. „Bist du eigentlich wirklich einer, der glaubt, oder gehst du nur so durch die Rituale, um nicht aufzufallen?“

Diese Frage beantwortete Hermann Reis nicht, er wusste die Antwort darauf selbst nicht zu geben.

Einer der älteren Schüler im Heim, ein schwarzhaariger drahtiger Junge auch aus der Oberrealschule, hatte schon eine Weile zugehört, während er versuchte, im gleichen Raum seine Hausaufgaben zu machen. „Das mit dem deutschen Schüler jüdischen Glaubens hast du ja schön formuliert, aber letztlich bist und bleibst du Jude! Mach dir doch nichts vor. Und ich finde auch, in Glaubensdingen könntest du etwas mehr Eifer und Überzeugung zeigen."

Der ältere Schüler, Willi Wertheim, war für seine scharfen Urteile bekannt und gefürchtet. Für Hermann Reis war er ein Vorbild, immer furchtlos, immer klar, immer streitbar. Die beiden ungleichen Jungen hatten im Heim eine Art Freundschaft entwickelt. Die hinderte Reis aber nicht, zu widersprechen.

„Warum hängen wir uns selber das Jude-Sein immer um, tragen es gar vor uns her? Wir müssen uns einfach ganz frei und normal wie alle anderen benehmen. Bei den Christen sagt auch nicht jeder gleich, ich bin katholisch oder evangelisch und es fragt auch nicht sofort jeder danach. Und gerade deshalb will ich auch nicht immer mit der Kippa rumlaufen."

„Das heißt doch letztlich nur, dass du dich selbst verleugnest, dich versteckst! Und die anderen werden das sowieso immer wieder rausholen, wenn sie uns an den Karren fahren wollen. Da sollten wir lieber gleich selbstbewusst als die auftreten, die wir sind." Willi setzte die neben ihm liegende Kippa auf.

„Und deshalb ändert sich auch nichts", retournierte Reis.

„Schluss jetzt!“, befand Schlesinger. „Ihr müsst eure Hausaufgaben fertig machen, in einer halben Stunde gibt es Abendessen. Koscheres Abendessen, Hermann, koscher.“

1913 – Tanzstunde

Hermann Reis ging sehr schnell, fast rannte er, wie immer etwas steif. Neben und vor ihm liefen die anderen Jünglinge, die meisten schneller, dennoch lässiger, trotz Schuhen mit Ledersohlen, die auf dem Parkett rutschten.

Reis hasste dieses Ritual. Die Mädchen auf Stühlen in einer Reihe auf der Fensterseite des Saales, die Jungen auf der anderen Seite des Saales. Das Tanzlehrerpaar stand im freien Raum in der Mitte, zeigte Tanzfiguren, gab Ratschläge. Und dann: „Jeder Herr fordert eine Dame auf zum nächsten Tanz!“ – das Signal für den Spurt. Manche Mädels waren besonders begehrt, andere weniger. Die langsameren Jungen landeten bei den nicht so ganz beliebten, weniger hübschen.

Hermann Reis war zwar langsam, aber ihm gelang es häufig, eines der schönsten Mädchen aufzufordern. Sie war groß, schlank, schwarze Haare, braune Augen, und sie konnte wunderbar tanzen. Hermann gab sich Mühe, aber die schnellen Schrittfolgen überforderten ihn immer wieder, auch wenn er besser wurde. Die Zahl der Verehrer von Selma war eher klein, sie lachte nicht laut, wie manche andere, sie erzählte wenig, sie lobte ihre Tanzpartner nicht, auch wenn sie gut tanzten. Manche sprachen von Überheblichkeit, wenn in der Männergarderobe über die Mädchen geredet wurde. „Sie schmiegt sich auch bei den langsamen Sachen nicht so an dich“, monierte ein noch etwas pickliger Junge mit wildem Haarschopf.

Hermann kannte Selma flüchtig, sie kam aus Treysa und war die Tochter eines Viehhändlers. Und sie war jüdisch.

In den Pausen saßen sie manchmal zusammen, unterhielten sich gepflegt, wie es in der Tanzstunde gefordert und geübt wurde.

„Wenn ich das Abitur schaffe, möchte ich studieren, vielleicht Jura, und dann könnte ich Rechtsanwalt in Marburg zu werden."

Selmas Antwort klang eher schroff: „Ich will mein Leben nicht hier in der Provinz verbringen."

„Marburg ist doch nicht Provinz, es gibt eine Universität, Theater, die Stadt ist schön – das ist doch gar nicht so schlecht! Und du musst ja keinen Viehhändler auf dem Dorf heiraten."

Selmas Blick verfinsterte sich weiter. „Wenn ich schon Tochter eines Viehhändlers bin, will ich nicht auch noch den Sohn eines anderen Viehhändlers heiraten."

„Das war eben auch kein Heiratsantrag!", protestierte Hermann, wobei der Gedanke, mit Selma zu leben, zwar fremd und weit weg schien, aber keineswegs unangenehm war. „Das will ich auch hoffen!", blaffte Selma zurück.

Als sie nach der Tanzstunde die Treppe zu den Garderoben hinunter gingen, fand sich Hermann wieder an der Seite von Selma: „Am Samstag gibt es diesen

Tanztee hier. Darf ich dich dazu einladen?“ Selma antwortete mit einem Hauch von Lächeln: „Ja.“

1917 – Freiwillig für Deutschland

„Das ist zu gefährlich und du bist zu jung!“ Pfarrer Theophil Krawielitzki, Leiter des Schwesternhauses Hebron, war nicht bereit, dem Wunsch seines Sohnes Hans zu folgen. Hans sollte sich nicht freiwillig für den Krieg melden.

„Natürlich ist der Krieg gefährlich! Aber es ist auch gefährlich, wenn du Diakonissen nach China schickst und sie dort für das Christentum missionieren lässt!“

„Das tun wir für Gott und seine segensreiche Herrschaft über die Menschen.“

„Und ich will es für Deutschland tun, meinem Vaterland in der Not beistehen. Und du hast mir immer gesagt, ich möge Gott vertrauen, dann wird alles gutgehen. Ich vertraue Gott und gehe deshalb in den Krieg.“

„Gottvertrauen und das Herausfordern des Schicksals sind zwei verschiedene Dinge. Außerdem solltest du deine Schulausbildung abschließen. Das ist die Basis für deinen künftigen Lebensweg. Deine Leistungen sind nicht überall tadelfrei, das weißt du.“

„Eine vier in Latein! Ja, aber was spielt das für eine Rolle, wenn das Schicksal Deutschlands auf der Kippe steht!“

„Die Stunde deiner Berufung wird sowieso kommen, ob ich oder du es wollen oder nicht. Aber das muss nicht überstürzt werden. Die Antwort lautet nein! Du meldest dich nicht.“

Hans schwieg. Er hatte sich schon gemeldet und die Unterschrift des Vaters gefälscht. Aber sie hatten ihm nicht viel Hoffnung gemacht, dass er vorzeitig gezogen würde.

1917 – Frankreich

Hermann Reis stand unschlüssig auf dem Marktplatz. Überall Soldaten, gut gelaunt, krakeelend, zum Teil schon angetrunken. Der kleine nordfranzösische Ort lag in der Mittagssonne, nur wenige Einschläge aus früheren Monaten waren zu sehen. Reis war leicht schwindlig. Das Grauen, aus dem sie kamen, nur wenige Kilometer weiter, der Dreck in den Schützengräben, die ständige Gefahr, der Lärm. Der Gestank der Männer und der Latrinen, die Verwundeten, die Toten. Aber jetzt standen sie hier, 48 Stunden Urlaub von der Hölle. „Los, komm mit, wir wissen jetzt, wo wir hinmüssen: Wein, Bier, Frauen! Ein erstklassiges Bordell – haben wir direkt vom Leutnant erfahren!“ Reis winkte ab, danke, nein, er wollte ein bisschen durch den Ort schlendern. „Was ist los? Kannst du nicht oder hat Mutti es dir verboten?“ Und schon rannte der Kamerad der Gruppe hinterher, die sich singend auf den Weg gemacht hatte, nur kurz unterbrochen durch eine Schlägerei, die sich einer der Angetrunkenen mit einem Soldaten aus einer anderen Einheit lieferte, der hatte ihn zur Seite geschubst. Ein weiterer Nachzügler rief zu Reis: „Ich will nicht sterben, ohne einmal eine Frau flach gelegt zu haben, und wenn ich die Syphilis davon kriege!“ Er war sehr jung, und das Glänzen seiner Augen war für Reis nicht zu deuten: Begeisterung über die bevorstehende Entjungferung oder Tränen aus Angst vor dem Tod?

Reis ging durch den Ort. Ihn wunderte, dass dies ohne Gefahr möglich war, schließlich waren sie im besetzten Frankreich und ihr Auftrag war es, französische

Soldaten, so jung wie sie selbst, zu töten. Aber die Einwohner ließen sich nichts anmerken. Die Cafés öffneten gerade und Reis setzte sich an einen kleinen Tisch auf dem Trottoir vor einem der Bistros. Ein junger, sehr ernsthaft aussehender Soldat blieb stehen. „Darf ich mich zu dir setzen?"

Beide bestellten ein Bier, der Hinzugekommene machte dies in perfekter französischer Aussprache und verstand offensichtlich auch die Antwort des alten Kellners. „Woher kannst du das so gut?" „Ich komme aus dem Saarland. Französisch habe ich am Gymnasium gelernt. Wo kommst du her?" „Marburg, das ist in Hessen. Meine Eltern leben auf einem Dorf, ich war in der Stadt auf der Oberrealschule."

Das Bier kam, sie tranken einen Schluck. Was für ein herrliches Gefühl! Wieder kam es Reis vor, als müsse der Traum sofort enden und er würde im Schützengraben aufwachen. Und genauso würde es werden, allerdings erst morgen Abend. Der andere hielt ihm die Hand entgegen: „Helmuth Rieth". „Hermann Reis". Und nach ein paar Sekunden verblüfft: „Wir haben beide die Initialen HR!".

„Stimmt. Und wieso bist du nicht im Puff? Oder warst du schon da?" „Nein. Mir ist klar, wir können morgen sterben. Aber ich möchte irgendwann mit der Frau zusammen sein, die ich liebe. Sie ist ein Mädchen aus Marburg, ich kenne sie aus der Tanzstunde. Sie heißt Selma. Ich will das nicht in den Dreck ziehen." „Ich bin auch nicht mitgegangen." „Und du hast keine Angst, zu sterben, ohne …?“, neckte Hermann sein ernstes Gegenüber. „Ich bin ein Pfarrerssohn. Ich könnte das hier jetzt nicht und ich will es nicht. Wenn ich mir hier was holen würde, ich wüsste nicht, was ich meinen Eltern sagen sollte.“ „Sie würden dich lieber krank wieder sehen, als gar nicht.“ „Das stimmt, ich bin das einzige Kind. Wenn ich sterbe …“, er ließ den Satz im Raum hängen. „Mein Vater hat extra wegen mir die Pfarrstelle gewechselt, so dass ich aufs Gymnasium gehen konnte.“ „Haben sie große Angst um dich?“ „Als ich meinen ersten Fronturlaub hatte, sind sie mit mir ins Fotogeschäft nach Saarbrücken gegangen, ich in Uniform, und haben ein schönes Bild von mir, aber auch von uns dreien machen lassen. Ich glaube, sie sind sehr stolz auf mich, wenn sie mich so sehen und ich das Vaterland verteidige. Aber ich denke manchmal, sie wollten auch ein schönes Foto, falls ich nicht wiederkomme.“

„Auf die Idee würde mein Vater nicht kommen. Er ist Viehhändler in einem Dorf auf dem Land. Der Viehjude. Er würde mir auch nicht sagen, wenn er Angst um mich hat. Aber wenigstens habe ich einen Bruder und eine Schwester.“ „Das ist ja was: Ein Jude und ein Pfarrerssohn sitzen mitten im Krieg in Frankreich in der Sonne, trinken Bier und gehen nicht ins Bordell“ – der so ernsthafte Helmuth Rieth sagte dies mit einem Lächeln im Gesicht: „Schön, dich kennenzulernen. À votre santé!“

„Klingt gut, aber Frankreich ist der Feind! Prost! Du kommst aus einem Pfarrhaus, das war sicher kein

Vergnügen." „Es war nicht schlecht. Mein Vater arbeitet sehr viel, er ist natürlich streng evangelisch – ich dürfte niemals eine Katholikin heiraten -, aber die Leute mögen ihn, er steht richtig im Leben und meine Mutter sowieso. Wir wohnen in einem großen Pfarrhaus mit Garten, wir haben eine Haushälterin – nein, es geht mir gut zuhause." „Eine Haushälterin haben wir auch immer gehabt, ein Bauernmädchen." „Unsere ist die Tochter eines Hüttenarbeiters. Sie ist sehr schön …" „Hey, ich habe da einen roten Schimmer in deinem Gesicht gesehen! Liebst du sie?" „Nein … oder ja, aber sie hat einen Verlobten, auch im Feld, und sie ist fünf Jahre älter als ich. Sie hat mich schon als Schulkind betreut." Er zögerte kurz. „Und als ich zuhause war, neulich, als wir die Fotos gemacht haben, da hat es nachts bei mir geklopft, sie kam rein, hat die Vorhänge aufgezogen, es war fast Vollmond. Dann hat sie gesagt, sie macht sich Sorgen um mich und will mir und sich etwas schenken. Mann, was für ein Geschenk!"

„Ich gebe zu, ich beneide dich! Aber weißt du was? Natürlich will ich auch eine Frau, vielleicht ist Selma noch für mich da, wenn ich das hier überlebe. Und ich möchte Kinder haben. Und einen guten Beruf, vielleicht Rechtsanwalt. Aber weißt du, was gerade mein größter Wunsch ist? Ich will hier raus aus dem Dreck, aus dem Gestank, weg von den Ratten. Ich will endlich mal keine Angst mehr haben, die Kameraden nicht mehr bluten und sterben sehen, keine Granaten mehr hören und keinen Befehl zum Angriff mehr bekommen. Ich will hier raus und dann niemals mehr so etwas erleben."

1919 – Abiturientenkurs

„Und schon sind wir in Marburg!“ Lehrer Sangmeisters Geschichtskursus wogte zwischen Reformation, Bauernaufständen und Buchdruck hin und her, es war zu warm, im Klassenraum glitzerte der Staub sichtbar in den Sonnenstrahlen und die meisten Schüler hatten es aufgegeben, den Höhenflügen ihres Lehrers zu folgen.

„Krawielitzki, welches religionsgeschichtlich bedeutende Gespräch fand 1529 in Marburg statt? Ein großer Moment für unsere Stadt!“

Krawielitzki, wie seine Mitschüler aus dem Krieg heimgekommen, der sie aus der Schulbank geholt hatte, antwortete laut, aber mit erkennbarer Unsicherheit: „Mit Calvin, oder nein, mit Luther, glaube ich.“

„Bode, ich hoffe, du weißt es besser!“

Bode, ein eigenbrötlerischer ungelenker Schüler mit Spitzennoten in allen Fächern, antwortete prompt: „Das Religionsgespräch zwischen Luther und Zwingli! Über das Abendmahl! Ob wir den Leib Christi essen.“

„Hervorragend Bode! Krawielitzki, das hätten Sie wissen sollen. Ihr Vater ist Kirchenmann und beglückt die Diakonissen weltweit von seiner Zentrale aus hier in Marburg! Und Sie haben keine Ahnung.“

„Ich verbitte mir, die Arbeit meines Vaters und der Diakonie so ins Lächerliche zu ziehen!“, brauste Krawielitzki auf. „Und ich habe ‚Luther‘ gesagt! Aber Bode macht ja immer alles richtig und ich immer alles falsch, wenn es nach Ihnen geht.“

„Nun, zu einem Religionsgespräch gehören immer zwei, und Sie haben nur ‚Luther' gesagt. Oder führen Sie etwa Selbstgespräche? Dann wäre es bei Ihnen natürlich anders."

„Wie reden Sie mit mir? Ich war im 11. Marburger Jägerbataillon, ich war in Frankreich und Belgien und werde von Ihnen abgefertigt wie ein Elfjähriger!" Krawielitzki war rot angelaufen.

„Wir wissen ja alle, was es genutzt hat! Und wenn ich es recht weiß, dann hatten Sie keinen Feindkontakt mehr."

Krawielitzki schwieg. Diesem Defaitisten würde er es irgendwann zeigen. Und dann würde er, Krawielitzki, den anderen fertig machen. Der würde bitter bereuen.

Das laute Schrillen der Pausenklingel unterbrach die Rachefantasien des jungen Krawielitzki.

1920 – In der Nähe von Mechterstädt, Thüringen

Karl war gelangweilt. Er spielte mit seinem Gewehr. „Wenn du so weitermachst, wirst du uns erschießen“ sagte Hans Krawielitzki und nahm ihm die Waffe weg.

Karl ließ es geschehen. „Ich will gegen Kommunisten kämpfen, ich will die Schande tilgen, aber hier gibt es keinen Aufstand! Wo sind die Kommunisten? Wo sind die Frauen, die uns Soldaten bewundern und bedienen? Nur langweilige Landschaft - und das schon drei Tage lang.“

Das Studentenkorps Marburg war mit neun Kompanien in Marburg losgezogen, auf dem Marktplatz verabschiedet, wie Helden in den Krieg verabschiedet wurden. Sie wollten den Kommunistenaufstand in Thüringen niederschlagen, das Vaterland retten, die Verräter bestrafen. Der Kapp-Putsch war leider gerade gescheitert, aber hier in Thüringen würden sie zeigen, wer Deutschland rettet, wer Deutschland regieren wird. Schwarz-weiße Fahnen überall, auch wenn die verboten waren.

Karl war bis vor kurzem Schüler der Oberrealschule, wie zuvor Hans und viele andere des Freiwilligenkorps. Karl war zwei Jahre jünger, Hans kannte ihn flüchtig und seit dem ersten Tag marschierten sie gemeinsam. Sie kamen offenbar zu spät, die Aufstände mit erbitterten Gefechten und vielen Toten waren niedergeschlagen.

„Hast du im Krieg jemand erschossen?“ fragte Karl. „Nein, ich war nur noch kurz bei der Armee, der Krieg war vorbei, bevor es für uns richtig losging. Der Schandfrieden hat uns gestoppt." „Ihr hättet es auch nicht mehr geschafft, die Verräter haben dafür gesorgt, dass wir auf dem Feld verloren haben." „Genau so war es. Seitdem diene ich immer wieder in den Freikorps. Für Ehre, Kameradschaft und Vaterland." „Und hattet ihr schon schwere Kämpfe?" „Kaum echte Gefechte, aber wo wir hinkommen, sieht jeder ein starkes Deutschland, mutig, national, entschlossen." Krawielitzki straffte sich beim Reden. „Auch hier geht es um Deutschland, um Edelmut, gegen das Sozialisten- und Kommunistenpack, egal, ob wir kämpfen oder nicht."

„Ich hätte trotzdem nichts gegen ein paar Mädchen, die uns bewundern. Wahrscheinlich dürfen sie nicht aus dem Haus, solange wir hier sind."

„Karl, du Tölpel, es geht um die Nation und Ehre und du denkst an Mädels. Mach nur so weiter, dann fällst du unter ihren Bann. Sie umschmeicheln dich, sie verführen dich, dann kriegen sie Kinder und nichts ist mehr mit unserem heldenhaften Kampf für Deutschland. Dann geht es nur noch drum, Geld heimzubringen. Trink lieber ein paar Bier, wenn dir nach Vergnügen ist."

Plötzlich kam Bewegung in die träge lagernden Jungen und Männer. „Fünfzehn Kommunisten auf der Flucht erschossen!" „Wo? Wer?" „Es waren Gefangene!" „Auf dem Transport nach Gotha!" „Alle sind tot!" Stimmen drängten durcheinander, alle waren aufgesprungen, manche mit glänzenden Augen. Kam jetzt der Kampf? Würden sie auch schießen? Drohte ein Angriff?

Eine halbe Stunde später saßen sie wieder untätig auf dem Boden. „Da wäre ich gerne dabei gewesen“, seufzte Karl. Dann war er eine Zeitlang ruhig, wie auch Hans. Der überlegte, wie es den Gefangenen gelingen konnte, zu fliehen oder es überhaupt zu versuchen. Das wenige, was er gehört hatte, klang nicht so, als ob die Gefangenen einen machtvollen Ausbruchsversuch unternommen hätten. Vielmehr schien auf dem Marsch nach Gotha einer nach dem anderen irgendwann losgerannt zu sein. Hans war irritiert. Da hätte man doch schnell etwas machen können, bessere Sistierung, mehr Bewacher für jeden Gefangenen. Stattdessen wird ein Fliehender nach dem anderen erschossen? Seltsam.

Die toten Kommunisten waren Krawielitzki egal. Aber es würde Fragen geben.

Wenigstens war die 9. Kompanie des Studentenkorps noch nicht da, lauter Demokraten, Sozialisten, sogar Juden, die die Republik verteidigen wollten. In Wirklichkeit wollten die doch nur die übrigen Kompanien am entschlossenen Handeln hindern. Morgen würden sie nach Thüringen kommen, aber dann war alles vorbei. Das war hervorragend gelaufen. Man hatte sie hingehalten in Marburg, weitere notwendige Vorbereitungen waren verlangt worden, und sie konnten erst ein paar Tage später als die anderen Kompanien losziehen.

„Wärst du nicht gerne dabei gewesen? Ich hätte gern ein paar erschossen“ insistierte Karl. „Vielleicht ist es besser so wie es ist“, sagte Hans, ohne das weiter zu erklären. Karl holte sich ein Bier, nachdem der Verpflegungstross seine Theke aufgebaut hatte. Thüringer Bier. Wenigstens etwas Gutes hier. Darum hatten sich ein paar ältere Korporierte gekümmert. Auch beim Verpflegungstross vermisste Karl Marketenderinnen und Köchinnen, der bestand nur aus ein paar Burschenschaftern, die in riesigen Mengen Eintopf kochten. Er brachte Hans ein Bier mit, von dem der nur ein paar wenige Schlucke trank. Karl war verwundert: der raucht nicht, trinkt nicht, will nicht über Mädchen reden …

Karl war immer noch unruhig. Aber er überlegte auch, ob er wirklich einen Toten sehen wollte, den er selbst erschossen hatte. Wie wäre das? Die klaffende Wunde, der zerschossene Kopf, vielleicht bewegt er sich noch, guckt den Schützen an? Und das mitten im eigenen Land, vor der Haustür des Erschossenen. Vielleicht kam dann die Mutter herausgestürzt, schrie, oder gar die Frau und die Kinder. Das wäre furchtbar. Nein, vielleicht war es gut so. Hans hatte wie so oft recht. Karl nahm einen weiteren großen Schluck.

1920 – Der Prozess: Zuhörer Krawielitzki

Es war genau so gekommen, wie er es geahnt hatte. Die Volkskompanie 9, die Demokraten und Republikaner, hatten in Thüringen vor allem ein Interesse daran, die Kameraden, die geschossen hatten, ans Messer zu liefern. Krawielitzki kannte die Akteure: Ernst Lemmer, Gustav Heinemann, beide Jurastudenten, Sozialdemokraten. Noch wenige Tage vor Thüringen hatten sie versucht, die Bewaffnung des Studentenkorps Marburg zu verhindern, waren in Kassel bis zur Regierung vorgedrungen und hatten es sogar geschafft, dass die bei den Burschenschaften vorhandenen Waffen abgeliefert werden sollten. All das war hinfällig geworden, als die Nachrichten von den Aufständen der Arbeiter in Thüringen kamen. Und die offizielle Aufforderung der Reichswehr an die Freikorps, bei der Niederschlagung des Aufstands zu helfen. Auf einmal war alles wieder im Lot, trotz der Niederlage der Kapp-Heroen. Es gab Waffen in ausreichender Zahl, einen huldvollen Abschied durch die Honoratioren der Stadt, und in den Kompanien Hunderte von Vaterlandsverteidigern.

Aber die Verräter, das bolschewistische Gesindel: Sie hatten nicht aufgegeben, hatten die Kompanie 9 aufgestellt, wollten mitspielen. Und sie hatten später die Kameraden angezeigt.

Krawielitzki stand hinten im Zuhörerbereich des randvollen Sitzungssaals im Gerichtsgebäude unter dem Schloss. Vorne die angeklagten Kameraden mit ihren

Anwälten, allen voran Rechtsanwalt Walter Luetgebrune, der den Kommandanten von Selchow verteidigte. Obwohl sich auch Krawielitzki jetzt für die Juristerei an der Universität eingeschrieben hatte, bemerkte er einen unangenehmen studentischen Hochmut der Angeklagten, der ihm nicht recht zur nationalen Gesinnung, zur völkischen Gemeinschaft zu passen schien. Wenn die Stunde gekommen sein sollte, dann wäre auch Schluss mit dem bunten Kostümtheater der versoffenen Korporierten, dann wäre Demut vor dem Volksganzen angesagt. Aber im Moment, waren die Burschenschaften die treuesten, verlässlichsten und sehr einflussreichen Vertreter der deutschen Nation, gegen die bolschewistischen Proleten, die Demokraten. Das musste er anerkennen.

Mit wachsender Bewunderung hörte der angehende Jurist Krawielitzki, wie der Verteidiger Luetgebrune Zeugen demontierte, die Angeklagten zu braven Unterstützern der Reichswehr stilisierte, die Toten zu Verbrechern, die vermutlich sowieso vor einem Kriegsgericht zum Tode verurteilt worden wären. Bravourös, elegant, schneidig, juristisch mit allen Wassern gewaschen, ein Verteidiger, der selbst das Gericht mit dem Zitieren von wenig bekannten Gesetzen und Verordnungen verblüffte und die Erschießungen zu berechtigten Notstandsmaßnahmen im Kriegszustand umdeutete. Angeblich, so hatte es Krawielitzki gehört, war er nicht immer so national gewesen, hatte mit einem jüdischen Anwalt zusammengearbeitet, der auch Kriegshelden verteidigte – warum hatten die einen jüdischen Verteidiger genommen? - Egal, das hier war jetzt eine Lektion für die Bande der Vaterlandslosen. So wie Luetgebrune wollte er auch einmal agieren. Ein treffliches Tribunal, die Angeklagten wurden zu Helden, ihre Opfer zu Tätern, die Gegner der Angeklagten als Verräter und Denunzianten entlarvt. Großartig. Krawielitzki war beeindruckt.

Gerade war der Zeuge Ernst Lemmer im Zeugenstand. Wieso eigentlich? Der war doch gar nicht in Thüringen gewesen am fraglichen Tag. Krawielitzki, der gerade nicht richtig aufgepasst hatte, verstand, dass es um eine schriftliche Verlautbarung der 9. Kompanie ging und was Lemmer damit zu tun hatte. Erst sagte der: „Nichts“, und fünf Minuten später gab er doch zu, dass er diese Mitteilung persönlich geprüft und freigegeben hatte. Luetgebrune ging mit Schneid und Häme dazwischen: „Ungeheuerlich!“

Und so ging es weiter. Schon Staatsanwalt und Richter waren den Angeklagten offenbar gut gewogen. Und wenn es kritisch wurde, war Luetgebrune da. Der demokratische Spuk würde nicht siegen.

Krawielitzki verließ befriedigt den Saal, um zu seiner Vorlesung zu gehen. Kurz vor dem Vorlesungsgebäude entschied er sich anders. Das ernsthafte Studieren hatte noch Zeit.

1920 – Der Prozess: Zuhörer Reis

Hermann Reis nickte kurz zu seinem ehemaligen Mitschüler Krawielitzki, als er sich auch noch in den gefüllten Sitzungssaal schob. Was machte der eigentlich? Neulich hatte er ihn an der Universität gesehen, sogar bei den Juristen, aber ob er auch studierte? Er hatte mal irgendwas von Krawielitzkis Einsatz in den Freikorps gehört, wusste aber nichts Genaues.

Reis schaute sich die Personen im Saal an. Die Angeklagten lümmelten in arroganter Haltung. Ging es hier etwa um das Umwerfen von Blumenkübeln in der Mainacht? Oder um einen Prozess, in dem die Beschuldigten der unrechtmäßigen Erschießung von Menschen angeklagt wurden!

Reis lehnte sich an die Wand. Vorne im Saal kam das Prozedere mühselig voran. Die Luft im Saal war stickig.

Der Staatsanwalt sah gelangweilt aus, was sich auch nicht änderte, als die Zeugen aufgerufen wurden. Die Vernehmung überließ er dem Richter, der ebenfalls keine Anstrengung unternahm, die Zeugen eindringlich zu befragen. Dazu ein schneidiger Verteidiger, der nachteilige Aussagen gegen die Angeklagten sezierte und mit leichter Hand zerfledderte.

Hermann Reis war sofort irritiert. Seine Professoren hatten die Prinzipien eines Strafprozesses sauber und ausführlich gelehrt: Der unabhängige Richter, der die Wahrheit herausarbeitet, der Staatsanwalt, der den staatlichen Strafanspruch durchsetzen soll, der Verteidiger, der für seinen Mandanten kämpft, aber auch ein Organ der Rechtspflege ist. Und hier ging es um 15 Tote! Dort saßen Angeklagte, die vielleicht Mörder waren! Todesstrafe oder lebenslange Haft drohten ihnen. Und dann dieses Gericht, dieses zur Schau gestellte Desinteresse. Was war hier los?

Gerade erklärte ein Gutachter, dass ein Schuss von vorne in die Brust keineswegs die Annahme des Erschießens auf der Flucht in Frage stelle. Der Flüchtende schaue sich auf der Flucht auch immer mal angstvoll nach seinen Verfolgern um. Dabei könne er dann auch in der Brust getroffen werden. Als der Gutachter einräumte, dass der Tote keine drei Meter von der Straße weg lag, gab es sogar von Seiten der Korporierten, die in großer Zahl im Saal waren, höhnisches Gelächter ob der These des ängstlichen Umdrehens. Aber weder Staatsanwalt noch Vorsitzender Richter fragten nach.

Als die Zeugen der Anklage befragt wurden, war die feindselige Stimmung im Saal sofort mit den Händen zu greifen: Zischende halblaute Kommentare, leise Drohungen. Reis erkannte Ernst Lemmer. Auch Heinemann saß im Saal. Beide Jurastudenten, bekannte Republikaner, bei jeder politischen Auseinandersetzung mittendrin. Wieviel Mut! Diese Männer und ihre Freunde waren Vorbilder!

Es wurde lauter im Saal. Der Vorsitzende Richter unternahm nichts, um der wachsenden Unruhe zu begegnen.

Reis wollte Anwalt werden, weil er einen seriösen, angesehenen Beruf ausüben wollte, weil er der Gerechtigkeit zum Sieg verhelfen wollte. So wie hier hatte er sich das nicht vorgestellt. Tief getroffen durch die offensichtliche Parteilichkeit der Akteure verließ er den Saal. Er beruhigte sich damit, dass dies ein Sondergericht, ein Militärgericht sei, und ein politisch aufgeladener Fall. Er selbst würde ein würdiger Vertreter der juristischen Zunft werden, so wie sein Vater, der Viehhändler, ein würdiger Handwerker seines Standes war: seriös, angesehen, kämpferisch, gerecht.

Auf dem Weg hinunter in die Stadt sah er weit vor sich Krawielitzki auf das Vorlesungsgebäude zugehen. Kurz vorher bog der plötzlich ab. Offenbar war er doch kein Student.

1924 – Skat

„Ah, der Herr Bolschewik!“, feixte Rechtsanwalt Willi Wertheim. Er saß am Tisch im „Lahntor“, ein Bier und einen Pack Spielkarten vor sich.

„Quatsch nicht so blöd und vor allem nicht so laut. Ich bin hier schließlich gerade Staatsanwalt.“ Roland Freisler, der schneidige Juristenkollege aus Kassel, steuerte auf Wertheims Tisch zu, riss den Stuhl gegenüber Wertheim zu sich und ließ sich theatralisch darauf fallen. „Und ich komme gerade von einer Verhandlung. Weißt du, wer Verteidiger war: Dein neuer Partner Hermann Reis. Viel zu holen war für ihn nicht, aber was ging, hat er beharrlich rausverhandelt. Er ist zu tugendhaft, zu seriös. Ich mag es mehr, wenn es ein bisschen Krawall gibt.“

„Ja, Tugend ist dir wahrscheinlich suspekt.“ Willi Wertheim nahm noch einen Schluck Bier. „Ich warte übrigens immer darauf, dass auch wir uns einmal im Gerichtssaal gegenüberstehen. Krawall kann ich bieten, wenn es sein muss. Aber was ich dich immer fragen wollte: Wieso hast du dem Sozialismus eigentlich abgeschworen? Du hattest doch eine gute Position bei den Bolschewiken? Vom Kriegsgefangenen im russischen Lager zum staatlichen Kommissar in Russland – keine schlechte Karriere.“

„Warum sollte ich im Lager darben, wenn ich etwas Besseres tun konnte?“

„Und jetzt bist du nationalistisch gesinnt, völkisch. Bist du eigentlich schon NSDAP-Mitglied, im Wartestand für euren inhaftierten Führer?"

„Ich kann mir gerade noch keine Mitgliedsbeiträge leisten. Und wenn du meine Gesinnung ansprichst, ich bin gerade gesinnt auf ein Bier und Skat. Kannst du mir was leihen? Ich musste mir Schuhe kaufen. Kriegst du nächsten Monat zurück. Ja, ich weiß, du hast mir schon 20 Mark geliehen."

Wertheim schob einen Zehner über den Tisch.

„Der völkische Nationalist Freisler leiht sich Geld vom Juden Wertheim. Ist das nicht hübsch? Passt doch gut zu eurem Geschwafel vom internationalen jüdischen Finanzkapital, das es zu bekämpfen gilt."

„Du bist und hast ja kein Finanzkapital, sonst würde ich mehr wollen."

„Da habe ich ja Glück gehabt."

„Können wir jetzt mit dem Palaver aufhören und spielen? Wo ist unser dritter Mann?"

1924 – Der Brief des Vaters

Lieber Hans, mein werter Sohn!

Es tut mir sehr leid, dass Deine gastrologischen Probleme wieder hochgekommen sind. Bitte kümmere Dich intensiv darum. Du kannst auch gerne das Semester in Berlin abbrechen und nach Marburg kommen und Dich hier von den Spezialisten der Universität untersuchen und behandeln lassen, das Finanzielle übernehme ich.

Trotz Deiner Krankheit möchte ich aber heute auch Dein Studium der Rechte ansprechen, über das wir neulich kurz disputiert haben. Du bist meinen Fragen ausgewichen. Ich habe erfahren, daß Du zwei sogenannte „kleine Scheine" im Bürgerlichen Recht und im Strafrecht erfolgreich absolviert hast, daß Du aber weit davon entfernt bist, mit den Examensvorbereitungen zu beginnen, daß Dir sehr vieles noch fehlt, um überhaupt zugelassen zu werden. Du studierst jetzt vier Jahre. Du weißt, daß ich großzügig bei Deiner Unterstützung bin, aber es geht ja darum, daß Du in Deinem Leben vorankommst und Du die Dir von Gott gegebenen Gaben zu einem guten Leben nutzt. Dein älterer Bruder Martin ist mir im Dienst des Herrn gefolgt, das verlange ich nicht von Dir, aber Deinen selbst gewählten Weg mußt Du jetzt auch entschlossen beschreiten. Für einen 24jährigen bist Du dort schon reichlich im Verzuge und das liegt nicht allein an den gesundheitlichen Problemen.

Auch akzeptiere ich Dein politisches Wirken im Jungdeutschen Orden, Deinen Wunsch, Deutschland in einem konservativen Sinne glanzvoll und wehrhaft wieder aufzubauen, aber Du hast auch eine persönliche Verantwortung für Deinen Lebensweg.

Ich erwarte dazu ein ausführliches Gespräch bei Deinem nächsten Aufenthalt in Marburg!

Es grüßt Dich und wünscht Dir Gottes Segen,

Dein Vater

Theophil Krawielitzki

1926 - Das Ölgemälde

Hermann Reis stand zufrieden im Wohnzimmer. Über dem Sofa hing ein großes Ölbild mit Schwälmer Bäuerinnen und Bauern in ihrer Tracht. Die saßen und standen in einer Stube mit Kachelofen, großem Tisch, auf dem Tisch noch Bierkrüge und ein Brotkorb, die Frauen trugen Geschirr ab, die Männer stopften Pfeifen, sprachen miteinander. Alles lebhaft, bunte Farben, die wuchtigen Röcke der Frauen, die den Bildrahmen beinahe sprengten. Die Gesichter abgearbeitet, die Männer gebeugt, die Frauen verhärmt, nur zwei junge lachende Mädchen mit rosigen Wangen erfreuten den Betrachter mit etwas Leichtigkeit und Anmut.

Eben noch hatte Reis mit dem Ausfahrer des Kunsthändlers ein Bier getrunken. Der hatte das Bild gebracht und auch aufgehängt. Reis diskutierte mit ihm die Tücken der steilen Kopfsteinpflasterstraßen der Oberstadt, auf denen schon wenig Regen die Räder zum Durchdrehen brachte und die vielen Fußgänger das Fahren erschwerten. Dann gab er noch ein großzügiges Trinkgeld und jetzt bewunderte er seine Erwerbung.

„Der Junge vom Land, der Sohn des Viehhändlers, der es in der Stadt zum Anwalt gebracht hat, hängt Bilder vom harten, kargen Landleben in seiner bequemen Wohnung auf.“ Selma war hinter ihn getreten, betrachtete das Bild mit Amüsement, aber auch einem Hauch von Geringschätzung. In Ihrem eleganten lässig fallenden Kleid und der schmalen kurzen Strickjacke war sie das städtische Gegenbild zu den Bäuerinnen in ihren Rockungetümen. Die trugen einen schwarzen Überrock, darunter eine Unzahl weißer Unterröcke, die unter dem schwarzen Saum hervorlugten, und dann die schweren langen weißen Strümpfe und die groben schwarzen Schuhe. Selma bevorzugte dünnste hellgraue Strümpfe und an den Füßen kleine dezent verzierte Hausschuhe.

„Na und, ich komme vom Land. Dies wird das erste Stück meiner Sammlung sein.“ „Noch mehr davon? Dann werden wir in einem Bauernmuseum wohnen. Soll ich noch eine bestickte Tischdecke auflegen? Unsere arme Tochter!“ Marion war gerade zwei Jahre alt und brabbelte im Nebenzimmer mit ihrer Puppe. „Beim nächsten Bild will ich mitreden. Ich will auch etwas Modernes haben, wie die französischen Impressionisten, oder so etwas, was die Künstler in Berlin machen, nicht so das Leben einfach abgemalt. Bei manchen Bildern dort siehst du nicht mal, was sie eigentlich gemalt haben, nur Farben, Formen, Licht. Eigentlich sollte ein junger aufstrebender Anwalt so etwas mögen!“

Hermann hatte nur eine ungefähre Idee, wovon Selma sprach. Diese wunderlichen Künstler hatten ihn nie wirklich interessiert. Er liebte die Landschaften, die Stillleben, die Bilder von Bauern und Feldern. „Ich weiß nicht.“

„Und was wünscht der Herr Bauer heute zum Abendessen? Fette Wurst vom Schwein mit speckigen Bratkartoffeln? Vielleicht etwas Kohl dazu?“ „Selma, das ist nicht lustig. Du nimmst mich nicht ernst.“

„Ich nehme dich sehr ernst, Hermann. Aber eben nicht immer." Und sie stellte sich vor ihn, nahm ihn fest in die Arme und küsste ihn auf den Mund. „Uh, du riechst und schmeckst nach Bier!" Sie wedelte mit der Hand vor seinem Gesicht. Reis unterdrückte ein leichtes Rülpsen. „Was erwartest du anderes von deinem Bauerntölpel?"

1927 - Saalschlacht I

„Du hast einem Krakeeler die Fresse poliert! Meinen herzlichen Glückwunsch, lieber Partner. Ich bin wirklich stolz auf dich. Das hätte ich dir nicht zugetraut.“ Willi Wertheim war begeistert.

„Woher weißt du das?“

„Ich habe meine Zuträger.“

Hermann Reis war am Vorabend auf einer gemeinsamen Wahlveranstaltung seiner DDP mit den Sozialdemokraten in den Stadtsälen gewesen. Auch er hatte gesprochen, wie immer überzeugend, vernünftig, aber – er merkte es am höflichen Applaus - zu vernünftig, um den Saal zu gewinnen.

Am Ende der Veranstaltung hatte es Ärger gegeben. Als die Teilnehmer raus gingen, drängten von draußen Burschenschafter und Männer in braunen Hemden dagegen, versuchten zu blockieren, brüllten „Verräter“, „Bolschewikenpack“, „Weg mit euch“ und anderes. Ein paar fantasievollere unter den Blockierern sangen ironisch die Marseillaise. Die Rausdrängenden wurden angegangen und geschubst und die ersten Faustschläge wurden ausgeteilt.

„Wir wollten nur raus und nach Hause. Die versuchten, uns zurück zu drängen. Ich war auf einmal ganz vorne und so ein betrunkener, kleiner dicker Korporierter versuchte mich mit einem Fausthieb zu treffen. Ich bin ausgewichen und habe einfach zurückgeschlagen. Notwehr. Na, vielleicht ein bisschen mehr. Ich war einfach wütend. Wir machen eine gute Veranstaltung, diskutieren politisch verantwortlich und dann greift uns dieser Pöbel an ...“

„Ich dachte immer, du wärest nicht so der Kämpfer …“

„Nochmal, es ging alles irgendwie plötzlich. Ich hatte ja Glück, dass er betrunken war. Er blutete aus der Nase, brüllte, griff aber nicht mehr an. Die anderen haben auch schnell aufgehört. Wir waren in der Mehrheit. Übrigens tut meine Hand weh.“

„Hermann, ich bin stolz auf dich. Schade, dass wir kein Bild davon haben. Würde ich vergrößern lassen und hier in der Kanzlei aufhängen. Hermann, der Eiserne.“

1928 – Die Ernennung

Er war überglücklich, durfte es aber nicht zeigen. Schließlich war die Nationalsozialistische Deutsche Arbeiterpartei eine Partei der Härte. Zu viel Lächeln, zu viel Freude würden die Autorität und den Gehorsam untergraben. Deshalb war Hans Krawielitzki höflich und freundlich, als der Gauleiter ihm vor den knapp fünfzig Parteimitgliedern Marburgs eine Ernennungsurkunde zum Bezirksleiter und Kreisleiter der Partei überreichte. Seine Freude hielt er aber unter Verschluss.

Die Mitglieder applaudierten, laute Glückwünsche wurden ihm zugerufen, auch ein paar rohe Scherze, einige streckten den Arm in die Höhe: „Heil Hitler!" Krawielitzki nahm all dies beherrscht entgegen.

Dann wurden noch einige Gläser Bier getrunken, auch Krawielitzki nahm entgegen seinen Gewohnheiten ein paar Schlucke, aber für alle sichtbar nur sehr wenige. Es sollte ruhig Distanz spürbar sein: Er war jetzt der Chef.

Auf dem Heimweg konnte er die Erleichterung in seinem Inneren genießen. Er war 28 Jahre und jetzt endlich war er jemand! Endlich war die Frage beantwortbar, was er denn mache, noch besser: jeder würde es jetzt ohnehin wissen.

Die quälenden Jahre des Studiums, mehr als ein Jahr Krankheit, das Wissen, dass er dieses Studium niemals zu Ende bringen wird, aber die Fassade, die er aufrecht erhielt – jetzt war dies alles vorbei. Und das kaum zwölf Monate nach seinem Eintritt in die Partei, die Partei, die für alles stand, was er gut und richtig fand. Morgen würde er starten, es gab viel zu tun: mehr Mitglieder, Aktionen, Propaganda. Er war angekommen.

Blieb noch die Frage des Geldverdienens. Von seinen Arbeitsstunden im nationalsozialistischen Buchladen konnte er nicht leben, aber er wohnte zuhause, brauchte nicht viel.

Der beste Moment des Tages würde noch kommen. Die Mitteilung an seinen Vater, dass er jetzt Leiter der Partei in Marburg war. Sein Vater hatte sich mit Kritik zurückgehalten in letzter Zeit, aber Krawielitzki meinte bei jeder Begegnung die Missbilligung zu spüren. Es war hilfreich, dass auch sein Vater gegen die Demokraten, Liberalen und Sozialisten wetterte. Er würde die NSDAP schätzen.

Krawielitzki nahm die Stufen zur Haustür mit einem Sprung und schloss geräuschvoll die Tür auf.

1930 Juristenball

Cilly Wertheim und Selma Reis sahen umwerfend gut aus. Lange festliche Kleider, Selma dunkelblau, Cilly orangerot, Cilly mit Bubikopf, Selma die langen Haare in dezenten Locken. Auch ihre Männer in dunklen Anzügen, blütenweißen Hemden, jeweils mit Fliege, in bester Festbekleidung.

Der jährliche Juristenball in den Stadtsälen. Reis und Wertheim waren noch nie dabei gewesen, genauso wenig wie Dr. Ludwig Bachrach, der Senior der jüdischen Anwälte Marburgs, der die vier begleitete. Festlich gedeckte Tische, Gläser und Silber glitzerten, alle Anwesenden gut gekleidet, eine Kapelle auf der Bühne, Serviererinnen mit Tabletts voller Sektgläser.

Wertheim hatte die Ankündigung wie jedes Jahr gelesen, aber dieses Jahr hatte er nachgedacht. „Hermann, wir gehen zum Juristenball“. „Da waren wir noch nie.“ „Wir sind eingeladen, alle praktizierenden Juristen Marburgs.“ „Wir sind nicht gemeint, das weißt du!“ „Und warum nicht? Steht hier: Evangelischer Juristenball, oder Katholischer Juristenball, oder Christlicher Juristenball? Wir zeigen Flagge. Wir sind die besten Anwälte Marburgs!“

Hermann, erst skeptisch, freundete sich mit der Idee an. Sie wollten ja schließlich mehr sein als Anwälte, sie wollten mitmischen in der Stadt, sie gehörten dazu.

Beim Eintritt in den Saal gab es sofort Krawall. Anwalt Böttcher, stramm konservativ, Burschenschaftler, ehemals Freikorps, sprang auf, stürmte auf die Neuankömmlinge zu: „Ich darf doch sehr bitten! Sie hat hier keiner eingeladen.“ Willi Wertheim sah Böttcher und zog an Lautstärke gleich: „Sie sind hier nicht der Einladende, Herr Kollege. Es dürfte ihnen aus zahllosen Begegnungen vor Gericht bekannt sein, dass wir Anwälte in Marburg sind.“ Böttcher wandte sich um, suchte die Unterstützung der Herumstehenden und Sitzenden, die gerade noch eifrig diskutiert hatten, gescherzt hatten, alle nach bestem Vermögen witzig, intelligent, schlagfertig. Bei Böttchers lautstarkem Lauf durch den Saal waren sie verstummt und verfolgten das unerwartete Schauspiel. „Es ist eine Schande, dass die dort Anwälte sein dürfen. Und dann noch Kommunisten und anderes rotes Gesindel verteidigen. Viehhändler hätten sie bleiben sollen. Wer ist dafür, dass sie wieder gehen müssen?“ Böttcher guckte Zustimmung heischend in die Runde. Keiner rührte sich, keiner wies ihn in die Schranken, keiner gab ihm recht. Da erhob sich der Landgerichtspräsident und ging auf die Gruppe zu: „Alle Juristen Marburgs sind eingeladen. Frau Wertheim, Frau Reis, meine Herren, darf ich Sie an meinen Tisch bitten?“

Nach dem Essen standen viele auf, formierten sich in neuen Gesprächsrunden und auch Reis und Wertheim fanden sich in Gesprächen mit Richtern und Kollegen. Dann begann der Tanz. Beim Charleston verweigerten Selma und Cilly, aber beim Walzer und Foxtrott durften ihre Männer sie auf die Tanzfläche holen. Bei den ersten Tänzen waren die Ehepaare im Saal gemeinsam auf dem

Parkett, dann wagten die mutigeren Männer, die Frauen ihrer Kollegen aufzufordern, vor allem wenn diese hübsch waren, noch besser, wenn sie hübscher und jünger waren als die eigene Frau. Trotzdem kam keiner der anderen Tänzer auf Selma oder Cilly zu. Die saßen an einem „Damentisch", der sich nach dem Essen gebildet hatte, wo sie mit einigen Gattinnen Gespräche führten, von anderen aber auch ignoriert wurden. Hermann und Willi standen in einer Runde von Richtern.

Böttcher sah den ganzen Abend immer wieder mit wütendem Blick zu ihnen herüber. Er trank schnell, sein Gesicht wurde röter.

Um elf Uhr abends meinte Reis, dass es genügte, eine zweite Konfrontation mit dem angetrunkenen Kollegen Böttcher sollten sie sich ersparen. Ludwig Bachrach war schon früher gegangen, von kaum jemand bemerkt. Für Reis eher überraschend, war Wertheim einverstanden. Sie verabschiedeten sich von einigen Umstehenden, manche waren freundlich, manche frostig.

Draußen auf der Straße fand Wertheim die ersten Worte: „Es ist ja nicht nur die Provokation, dass wir jüdischen Anwälte gekommen sind. Es ist auch der Neid." Verblüfft schauten sich Selma, Cilly und Hermann an. „Wieso Neid? Wovon sprichst du?" Willi knuffte Hermann in die Seite: „Wir haben die schönsten Frauen!"

Und so gingen alle vier fröhlich nach Hause, beide Paare Hand in Hand.

1931 – Saalschlacht II

Stühle krachten auf Köpfe, Fäuste wurden in Gesichter geschlagen, einigen Männern lief das Blut herunter. Der Saal toste.

Krawielitzki hatte auch einen Stuhl in der Hand, stand aber unschlüssig in der Nähe des Rednerpults. Er hatte den Moment verpasst, den Moment, in dem die SA in den ersten Reihen blitzartig aufstand, die Stühle ergriff und auf die Versammlungsteilnehmer eindrosch. Sie prügelten in einer fast disziplinierten Kette auf die anderen ein, es war jetzt kein Platz mehr für Krawielitzki, um mitzumischen. Obwohl er schon in Versammlungen zum Rauswurf von renitenten Teilnehmern aufgefordert hatte, was dann auch umgehend von anderen Parteimitgliedern, SA oder nationalsozialistischen Studenten rabiat umgesetzt worden war, hatte er selbst kaum jemals Hand angelegt.

Hier in Ockershausen, dem roten Marburger Vorort, lief jetzt allerdings alles gründlich schief. Sie waren mit Absicht in die Höhle des Löwen gegangen, wollten hier die Fahne hissen und hochhalten, wollten unbeirrt von den zu erwartenden Protesten den zum Teil arbeitslosen Arbeitern des Viertels die Attraktivität des Nationalsozialismus nahebringen, mitreißende Reden zum Aufbruch halten und damit vielleicht doch in dem einen oder anderen roten Parteigänger die Saat sähen.

Aber jetzt hatten sie ihre eigene Veranstaltung im Saal der Gaststätte Ruppersberg gesprengt. Krawielitzki hatte nur ein paar kurze Worte zur Einführung gesagt und auf das Hausrecht hingewiesen, das die NSDAP als Veranstalter hätte. Natürlich war Unruhe im Saal, Reichsbanner Schwarz-Rot-Gold, Sozialisten, Kommunisten hatten die Mehrheit unter den Teilnehmern. Der Hauptredner des Abends jedoch, statt machtvoll und laut die Themen anzureißen wie den wirtschaftlichen Niedergang, die Arbeitslosigkeit, schimpfte stattdessen über die Teilnehmer der Versammlung, versuchte Kommunisten und Sozialisten gegeneinander aufzubringen, ein völlig untaugliches Gerede in dieser aufgeheizten Situation. Als er eine Reichsbannerdemonstration am vorangegangenen Wochenende mit einer Schweineherde verglich, protestierten die Versammelten wütend und laut. Der Redner schüttelte erfolglos die Glocke, weil er sich kein Gehör mehr verschaffen konnte. Plötzlich sprangen die SA-ler auf und die Saalschlacht begann. Die Veranstaltung war zu Ende, bevor sie richtig begonnen hatte, und Krawielitzki ärgerte sich, dass die sorgfältige Vorbereitung von allen Beteiligten auf seiner Seite so dummdreist ignoriert wurde.

Fünf Minuten später war zwar der Saal leer geprügelt, aber jetzt waren sie selbst eingeschlossen, denn sowohl die Herausgedrängten wie auch weitere Hinzukommende hatten die Gaststätte umstellt. Und die draußen waren wütend. Einige Ockershäuser griffen jetzt ihrerseits diejenigen an, die die Türen bewachten und verprügelten SA-ler und andere Braunhemden, drohten gar, wieder in den Saal hineinzudrängen. Und die draußen Stehenden waren mehr, viel mehr als die vielleicht fünfzig Nationalsozialisten drinnen.

Die Polizei war die Rettung, die sich erst jetzt mit zwei Dutzend Mann in die Scharmützel einschaltete und dabei besonders kräftig auf die aus dem Saal Geflüchteten einschlug. Beide Seiten ließen sich unwillig von den Polizisten trennen und nach einigen Verhandlungen zogen sich die „Belagerer" ein Stück zurück, ohne den Ort jedoch insgesamt zu verlassen. Deshalb konnten auch die Nationalsozialisten noch nicht aus dem Versammlungssaal entweichen. Nach langem Warten verließen die Gegner das Gelände und gruppierten sich neu einige hundert Meter weiter auf dem Wilhelmsplatz, wo die „Braunen" auf dem Rückweg nach Marburg vorbeikommen würden. Kamen sie aber nicht. Die Polizei eskortierte die Nationalsozialisten im Dunkeln durch den Teichwiesenweg, um unbemerkt und unbehelligt in einer Schleife durch den Süden nach Marburg zurückzukehren. Krawielitzki kochte innerlich. Wie eine Bande von Feiglingen drückten sie sich mit den Polizisten im Schutz der Büsche und der Dunkelheit durch den schmalen Weg. Aber es nützte nichts. Steine und Holzlatten prasselten auf einmal über den Zug, die Gegner erschienen und eskortierten sie, darunter ein paar Frauen, die besonders heftig schimpften und beleidigten. An der Südbahnhofsbrücke empfing sie eine Gruppe hohnlachender und ebenfalls Gegenstände werfender Männer aus dem Krekel, einer Barackensiedlung an der Lahn, deren Bewohner ihre Hoffnungen auf ein besseres Leben noch immer mit den Kommunisten und

Sozialdemokraten verbanden. Die Polizisten schafften es immerhin, dass die Kämpfe nicht mehr neu ausbrachen, aber die Gesänge und das Gelächter beschämten die sonst so rotzigen Marschierer. Kurz vor Mitternacht erreichten sie den Rudolphsplatz in der Stadtmitte, aber auch hierher waren ihnen die anderen gefolgt, wie Kinder einem Faschingsumzug folgen, so dass jetzt sogar weitere Kleingruppen gebildet werden mussten und mit Polizeischutz nach Hause gebracht wurden. Was für ein Desaster!

Krawielitzki forderte eine der schimpfenden Frauen, die ihn ganz persönlich zur Zielscheibe genommen hatte, dazu auf, endlich zu schweigen, aber es half nichts. Er ärgerte sich, konnte aber gerade nichts ändern. Eine Schande im Ergebnis, auch wenn sicher auf die Oberhessische Zeitung Verlass sein würde, dass sie die Brutalität allein auf der roten Seite geißeln würde, die Verantwortung für den Abbruch und den jämmerlichen Rückzug allein dort suchen würde.

Während des Getümmels hatten Polizisten auch Teilnehmer rausgegriffen, Personalien notiert, Anzeigen von Opfern gegen einzelne Kämpfer beider Seiten aufgenommen. Womöglich kamen Strafanzeigen auf einige seiner Kameraden zu und auf die Justiz war ja noch kein wirklicher Verlass.

Krawielitzki ging zornig und verdrossen kurz nach Mitternacht nach Hause. Unterwegs schien ihm ein großer breiter Mann in schäbiger Kleidung zu folgen. Im Südviertel war sonst niemand mehr auf der Straße und die Angst kroch in ihm hoch. Nach zwei weiteren Straßenecken war der Mann aber nicht mehr zu sehen und er schloss erleichtert zuhause die Tür auf.

1931 – Ockershausen vor Gericht

„Als Sie zu der Versammlung gingen, was haben Sie da erwartet?“ Reis‘ Mandant Frieder Bock zögerte keine Sekunde: „Krawall natürlich! Wenn die Nazis zu uns ins rote Ockershausen kommen, dann sollten sie auch entsprechend empfangen werden.“ Reis legte seine Hand unauffällig auf den Unterarm seines Mandanten, um ihn zur Vorsicht aufzufordern. Doch der Kammervorsitzende hatte schon die nächste Frage: „Und was wollten Sie selbst tun?“

Reis intervenierte: „Der Angeklagte wollte mit seiner Anwesenheit demonstrieren, dass die NSDAP in Ockershausen auf Ablehnung stößt und viele Bürger ihnen nicht folgen. Das war doch das Ziel, oder?“ Mit den letzten Worten wandte er sich an seinen Mandanten, doch der antwortete gerade heraus: „Klar wollten wir auch ein paar von denen verdreschen, sie aus dem Ort hinausjagen.“

Der Kammervorsitzende grinste Reis an: „Nun, Herr Rechtsanwalt Reis, das macht die von Ihnen vorgetragene Notwehr ihres Mandanten doch ein wenig unglaubwürdig. Ein Mann geht zu einer Versammlung, will politische Gegner ‚verdreschen‘, was er dann auch macht. Und als die Verprügelten dagegen Anzeige erstatten, macht er Notwehr geltend. Und auch noch – überaus edel – Nothilfe! Herr Rechtsanwalt, zweifellos haben die anderen im Saal angefangen, das will das Gericht gar nicht in Frage stellen, aber der Angeklagte und seine Kumpane haben nur darauf gewartet und sie sind dann fröhlich und tatkräftig zur Sache gegangen."

Reis Mandant war ein freundlicher, offener, kräftiger, nicht mehr ganz junger Mann, der bei den Auseinandersetzungen in und um die Gaststätte zwei SA-Männer zusammengeprügelt hatte, die blaue Flecken, Schürfwunden und einer sogar eine leichte Gehirnerschütterung davongetragen und Anzeige erstattet hatten. Jetzt saßen die hier als Nebenkläger, ihr Anwalt natürlich der Kollege Böttcher, wie konnte es anders sein. Reis hatte sorgfältig mit seinem Mandanten abgesprochen, dass der in dem einem Fall nur auf den Angriff gegen ihn selbst reagiert hatte (Notwehr), im anderen Fall einem Nachbarn zu Hilfe gekommen war (Nothilfe), vielleicht beides etwas über das Ziel hinausgeschossen, aber das hätte man ja noch diskutieren können. Mit der ehrlichen Antwort seines Mandanten auf die Fragen des Kammervorsitzenden war diese Verteidigungsstrategie aber erledigt. Böttcher saß ausnahmsweise ruhig da, er brauchte nichts mehr zu sagen, und Frieder Bock wurde wegen vorsätzlicher Körperverletzung zu einem Monat Gefängnis ohne Bewährung verurteilt.

„Das habe ich vermasselt, Herr Doktor, oder? Ich habe nicht schnell genug gemerkt, worauf das hinauslief. Aber grämen Sie sich nicht: Ich bin arbeitslos seit einiger Zeit, keine Frau, keine Kinder, und meine Mutter kann ihren Gemüsegarten auch vier Wochen ohne mich richten. Das macht nichts, der Monat ist schnell vorbei. Und wenn es wieder Arbeit gibt, kriege ich sie trotzdem, das ist den Handwerkern hier egal, ob einer im Gefängnis war, solange er seine Arbeit gut macht. Und ich bin ein guter Zimmermann.“

„Sie nehmen es gelassen, aber nötig war das nicht.“ Für Reis war ein schief gelaufener Prozess immer eine persönliche Niederlage, obwohl er wusste, dass dies die falsche Einstellung für einen Anwalt war. Aber Frieder Bock legte noch nach:

„Wissen Sie was, Herr Doktor? Für mich hat die Sache ein richtig Gutes. Sie sind ein Studierter, ein Bürger, eine Respektsperson. Und Sie haben mich immer ernst genommen, mir zugehört, mit mir geredet und gesagt, worum es geht. Sie haben mich als Mensch behandelt, also von Mensch zu Mensch, Sie wissen, was ich meine? Nicht Sie, der große Mann aus der Stadt und ich, der kleine Handwerker vom Dorf. Das habe ich so noch nie erlebt und das hat mich stolz gemacht. Schon das war es wert.“

„Herr Bock, das freut mich, dass Sie mit mir zufrieden sind. Aber bevor Sie es jetzt übertreiben mit dem Lob: Lassen Sie uns dort vorne reingehen und ein Bier trinken.“

1932 – Hitler in Marburg

Krawielitzki sah Adolf Hitler, der mit kleiner Entourage durch den Hinterausgang des Zeltes entschwand, mit gemischten Gefühlen nach. Eigentlich hätte es ein absoluter Höhepunkt seiner Parteikarriere sein sollen. Er, Krawielitzki, hatte Hitler nach Marburg geholt – an dessen Geburtstag! -, mindestens zwanzigtausend Bürger waren gekommen, der Führer, obwohl heiser, hatte eine phänomenale Darbietung geboten, er hatte informiert, einen großen Bogen gespannt, er hatte aufgeschreckt, gewarnt, aufgefordert und die Zuhörer immer mehr in seinen Bann gezogen, bis schließlich das gelegentliche „Jawoll!“, „So ist es!“ aus dem Publikum zu zwischenzeitlichen Beifallsstürmen anschwoll, die der Führer dann mit einer einzigen Handbewegung wieder zum Verstummen brachte. Zwei Stunden sprach er frei und alles, was die Leute erwarteten, kam aufwühlend und präzise, von der Demütigung von Versailles: „Wir sollen auf Ewigkeit Besiegte bleiben!“, über den Unsinn des Marxismus, der das Gedeihen der Nation nur von einer Gruppe, den Arbeitern, abhängig mache, während die Bauern, die Handwerker, die Beamten und die Geistesarbeiter bei diesen Bolschewisten keine Rolle spielten. Das Volk müsse sich stattdessen selbstbewusst vereinen, die Volksgemeinschaft sich gemeinsam auf die deutschen Tugenden der Arbeit, der Ehre, des Mutes besinnen, unter der Führung der Nationalsozialisten. Deutschland müsse zu alter Größe erstarken. Das jämmerliche Parteienpack gehöre beseitigt. Das alles erfordere Opfer, er hätte sein Leben allein dieser Aufgabe gewidmet, er kenne nichts als Arbeit für Deutschland, für das deutsche Volk.

Penibel war aus München vorgeschrieben worden: Das Zelt, die Beflaggung, die Einrichtung, die Protokollanten, die Platzierung der lokalen NSDAP-Größen im Hintergrund des Podiums, die kurze Begrüßung und das Verbot aller weiteren Redebeiträge, die großen Schilder am Eingang: „Juden ist der Zutritt nicht gestattet“ und „Während der gesamten Veranstaltung im Zelt absolutes Rauchverbot“. Die Zahl der Ordner war vorgeschrieben, mehr als genügend, um jede kommunistische oder sonstige Provokation im Keim ersticken zu können. Und die Ankündigung, dass der Führer sich danach sofort in sein Hotel zurückziehen werde. Einladungen zu irgendwelchen Treffen oder Essen hätten nicht zu erfolgen und würden auch nicht angenommen.

Das alles bedeutete wochenlange Vorbereitungen, fast alles maßgeblich von ihm, dem Kreisleiter der NSDAP Hans Krawielitzki, geschultert.

Hitler schreitet durch ein Flaggenspalier nach vorne, alle erheben sich von den Bänken, donnernder Applaus, obwohl sie schon zwei Stunden auf den Führer warten mussten. Jetzt zwei kleine Mädchen, die ihn auf dem Podium mit Blumenstrauß begrüßen, denen Hitler fast zärtlich und freundlich lächelnd über den Kopf streicht. Krawielitzki, der all dies organisiert hatte, steht direkt dabei. Hitler begrüßt die lokale Prominenz, den

Gauleiter und dann ihn, den Kreisleiter Krawielitzki. Hitler gibt ihm eine erstaunlich feingliedrige, fast feminine Hand mit dennoch kräftigem Händedruck, hält Krawielitzkis Hand einen Moment länger als erwartet, und sieht ihm dabei direkt in die Augen, mit einem glänzenden durchdringenden Blick, der kritische Prüfung genauso bereithält wie Ermunterung in der gemeinsamen Sache. Krawielitzki sieht allerdings, dass Hitler die andere Handvoll Funktionäre genauso begrüßt und ist umgehend ernüchtert. Und irgendwie war der Blick zwar scharf auf ihn gerichtet, aber auch durch ihn durch gegangen. Keine Frage an ihn zur Situation in Marburg, zum Stand des Aufbaus der Partei, kein Dank für die perfekte Vorbereitung der Veranstaltung.

Hitler hatte sich ein Rednerpult verbeten, nur ein kleiner Tisch mit einem Zettel mit Stichworten steht links vom Mikrofon. Krawielitzki hatte die Techniker hartnäckig bearbeitet, für eine klare, laute Übertragung zu sorgen, und die Stunden des Probierens und Nachbesserns hatten sich gelohnt. Obwohl Hitlers Stimme stark beschädigt ist von den vielen Reden der letzten Zeit, ist er über weite Strecken gut hörbar. Hitler steht vorne frei, spricht erst mit sparsamen Gesten, dann später häufig mit ausgestrecktem Arm, wahlweise damit die Zukunft zeigend, zum Zuschlagen bereit oder einfach pathetisch. Oft zuckt nervös der Zeigefinger, Aufmerksamkeit heischend oder bedrohlich. Bei der Begrüßung der kleinen Mädchen hatte Hitler fast wie ein netter älterer Verwandter gewirkt, aber jetzt steht er oben auf der Bühne und wirkt direkt in der Seele der Zuhörer, die sich willig anstacheln lassen. Redner und Zuhörer geben sich gegenseitig Bestätigung, Gefühle unbegrenzter roher Stärke erfüllen sie, gegen den Sumpf, den es zu bekämpfen gilt.

Krawielitzki ist begeistert. Dennoch kann er nicht völlig aufgehen in der aufgeputschten Stimmung. Irgendwie sitzt er mit den lokalen Honoratioren auf der Bühne auf der falschen Seite der Veranstaltung. Den Führer nur von hinten seitlich im Blick, scheint manches doch dick aufgetragen, dann aber auch wieder langweilig - manchmal ist es Krawielitzki, als ob er einen mittelmäßigen Schauspieler sieht, der einen großen Führer spielt. Und die Begrüßung nagt noch weiter an ihm.

Endlich kommt Hitler zum Ende. Die Masse applaudiert aufgewühlt und frenetisch, in den Beifall hinein spielt das Musikkorps die erste Strophe des Deutschlandliedes, die Menschen singen ehrfürchtig mit, damit ist Ruhe eingetreten. Der Führer verschwindet mit seinen Leuten durch den Hintereingang. Zögerlich gehen die ersten Zuhörer, andere stehen, zum Teil mit roten Köpfen, diskutierend in Gruppen, schieben sich dann, manche vorsichtig scherzend nach der langen Phase der Ernsthaftigkeit, andere noch in einer Art Trance, mit der Masse zum Haupteingang hinaus. Natürlich gibt es draußen keine Bierstände oder ähnliches, auch das war strengstens verboten worden. Krawielitzki kann allerdings auch am anderen Ende des Zeltes schon nach kürzester Zeit den Geruch tausender angezündeter Zigaretten riechen. Wahrscheinlich hatten viele während der mehr als zwei Stunden schon zittrige Hände bekommen.

Insgeheim hatte er sich ausgemalt, dass der Führer vielleicht einen Begleiter auffordern würde, sich seinen Namen zu notieren oder ähnliches – aber nichts: nur der durchdringende Blick. Als das Zelt fast leer ist, steht Krawielitzki immer noch alleine vorne. Er sollte in Hochstimmung sein, ist es aber nicht. Und auf einmal wechselt die leichte Trauer, das leere Gefühl nach dem gefallenen Vorhang, in Wut. Wann endlich wird seine Arbeit für den Aufbau der Partei in Marburg, sein Kampf, sein Einsatz belohnt? Er hatte alles hier gemeistert, die Partei sah hier besser aus als irgendwo sonst. Warum umstanden sie ihn jetzt nicht schulterklopfend, beeindruckt von der perfekten Durchführung? Er straffte sich. Er würde sich durchsetzen, einer der wichtigen Männer Hessens, nein Deutschlands werden. Zackig schließt er sich dem allgemeinen Abgang an.

1933 – Ein Oberbürgermeister gibt auf

Aktion! Tat! Krawielitzki war wie im Fieber. Vor Wochen noch hatte er Göring ein Telegramm gesandt, hatte darauf hingewiesen, dass der Oberbürgermeister Johannes Müller nicht mehr tragbar sei, politisch liberal-demokratisch sei und in der Stadt verhasst. Eine Antwort hatte er nicht bekommen. Doch jetzt nach der Stadtverordnetenwahl waren sich die gewählten Nationalsozialisten einig, dass sie nicht auf Antworten, Anweisungen, Erlaubnisse warten würden. Sie würden das jetzt selbst in die Hand nehmen. Kein kleinkariertes Briefeschreiben mehr, kein Studium irgendwelcher Bestimmungen für die Stadtverwaltung, nein: jetzt war die Wahrheit der nackten Tat gefragt.

Also gingen der Kreisleiter der NSDAP, Krawielitzki, der Rechtsanwalt Böttcher, der Rechtsreferendar Stoevesandt und zwei weitere gewählte Stadtverordnete mit wichtigem und möglichst brutalem Gesichtsausdruck zackig über den Marktplatz. Dort warteten schon einige vorab informierte Parteigenossen und ein paar weitere Bürger, die von der bevorstehenden Aktion erfahren hatten. Sie sahen freudig erregt, wie die fünf durch die große Tür gingen. Das war jetzt mal ein Spektakel, auch wenn man im Rathaus nicht dabei sein konnte.

Im Vorzimmer waren die Besucher noch höflich, ließen sich ankündigen und stürmten nicht gleich rein zu Müller, aber drin wurde Klartext gesprochen. Krawielitzki hatte am Vorabend vor dem Spiegel geprobt und verkündete mit lauter Stimme, ohne dass er eine vorherige Begrüßung für nötig gehalten hatte:

„Die nationalsozialistischen Stadtverordneten sind nicht bereit, mit Ihnen zusammenzuarbeiten. Sie haben die Arbeit der Bewegung unzumutbar behindert, Räume verweigert, Fahnen abnehmen lassen, überall haben Sie uns Knüppel zwischen die Beine werfen wollen. Wir sind nicht dazu bereit, dass Sie uns neuen Stadtverordneten den Eid auf die Stadt Marburg abnehmen. Wir fordern, dass Sie zurücktreten und zwar jetzt sofort!"

„Verehrter Herr Krawielitzki, mir ist nicht bekannt, dass eine Gruppe von Stadtverordneten den Oberbürgermeister nach Gusto absetzen kann und ich bin nicht bereit, Ihrer anmaßenden Forderung zu folgen. Das ist alles, was ich dazu sage und jetzt verlassen Sie bitte mein Arbeitszimmer."

Böttcher hatte schon ein rotes Gesicht: „Machen wir nicht! Keiner steht mehr hinter Ihnen! Sie können freiwillig gehen, sonst nehmen wir andere Wege." Mit diesen Worten war er ein paar Schritte auf den Schreibtisch zugegangen, nicht direkt mit Gewalt drohend, aber als auch die anderen etwas näher rückten, rutschte Müller ein Stück mit seinem Stuhl zurück.

„Ich setze Ihnen ein Ultimatum", sagte Krawielitzki. „Sie haben eine Stunde Zeit. Telefonieren Sie jetzt, schauen Sie, ob Sie Rückhalt haben. Den haben Sie nicht und deshalb verkünden Sie Ihren Rücktritt. Unten warten die Bürger darauf."

Müller ging ans Fenster. So weit waren Sie schon. Dort unten auf dem Platz feixten und johlten ein paar, als sie ihn im Fenster sahen, die meisten schauten nur. Dann zögerlich: „Raus, raus, raus!“ Ein kleiner Sprechchor wurde probiert, verebbte aber schnell.

„Nochmals: Verlassen Sie meinen Raum, ich gebe Ihnen Bescheid, was ich tun werde.“ Müller zitterte leicht, versuchte, Würde und Autorität zu wahren.

Nachdem die fünf das Zimmer verlassen hatten, schloss er die Tür. Draußen im Vorzimmer gab es offenbar Unstimmigkeiten. Vermutlich machten sie Krawielitzki Vorwürfe, dass er Müller unabgestimmt eine Stunde Zeit gegeben hatte. Der setzte sich und rief in Kassel an.

Das Ergebnis seines Anrufs war niederschmetternd: Recht und Gesetz schienen nicht mehr zu zählen, von der Fürsorge des Regierungspräsidenten für seine Bürgermeister war nichts zu spüren. Aber ganz nachgeben wollte Müller auch jetzt noch nicht.

Er öffnete die Tür, sah seine Sekretärin und die fünf Stadtverordneten in peinlichem Schweigen herumstehen und sagte: „Ich teile Ihnen mit, dass ich bis auf weiteres Urlaub nehmen werde. Alles sonstige wird sich zeigen.“ Er wusste, dass alles weitere auch schon weitgehend klar war, aber er hatte keine Lust, das zuzugeben.

Die fünf gingen wieder grußlos hinaus und unten schritt Stoevesandt als erster durch die Tür und verkündete mit seiner lauten Stimme, dass der Oberbürgermeister nicht mehr im Amt sei. Details waren ja egal. Die Menge klatschte Beifall und Stoevesandt winkte jovial.

Krawielitzki ärgerte sich. Alles hatte er wie immer vorbereitet, aber er hatte nicht daran gedacht, dass vielleicht ein anderer die Rolle des Verkünders auf dem Marktplatz an sich reißen würde. Beim nächsten Mal musste er noch besser planen. Aber jetzt musste erst mal der Mann von der Oberhessischen Zeitung instruiert werden, was er zu schreiben hatte.

1933 - Das Ende der Anwaltskanzlei

„Natürlich verlasse ich Marburg, Deutschland. Sofort. Morgen fahren wir nach Frankreich. Meine Frau packt schon.“ Willi Wertheim läuft in der Kanzlei auf und ab, nimmt eine Akte von seinem übervollen Schreibtisch und legt sie wieder hin.

„Willi, das ist doch alles übereilt! Wir können doch nicht alles wegwerfen!“

„Wegwerfen? Wir? Wir schmeißen nichts hin. Die haben uns unsere Arbeit weggenommen, machen unsere Kanzlei zu und du redest von wegwerfen! Die werfen uns weg!“

„Willi, das wird nicht das letzte Wort sein. Sie brauchen uns, in Berlin sind die Hälfte der Anwälte Juden! Alle wissen, dass wir gute Anwälte sind. Unsere Mandanten brauchen uns. Die Richter kennen und schätzen uns. Sie werden sich für uns einsetzen! Der Spuk geht vorbei, glaub mir.“

Willi Wertheim greift nach der Oberhessischen Zeitung, die auch auf seinem Schreibtisch liegt. „So, sie werden sich für uns einsetzen?! In dieser Zeitung stand gestern die Nachricht, dass von den vier jüdischen Anwälten angeblich nur noch ich vor Gericht auftreten darf – und womöglich nur noch jüdische Mandanten haben darf. Und wie lange noch? Wo ist der Aufschrei der Richter, unserer Kollegen? Wo sind unsere Mandanten? Wir werden in dem Moment von ihnen hören, in dem sie uns sagen, dass sie uns nicht bezahlen werden, weil wir den

Fall nicht mehr zu Ende führen dürfen. Unsere Kollegen werden die Fälle und unsere Arbeit dankend und ohne Entschädigung übernehmen und von uns die Akten verlangen. Und der ‚Oberhess', das braune Schmierblatt, – es bringt kommentarlos die Nachricht! Niemand, gar niemand tritt für uns ein!"

Hermann Reis' Hände zittern, als er die Notiz nochmal durchliest. „Willi, mäßige dich. Die anderen müssen das erst einmal gelesen haben und dann brauchen sie Zeit, um aktiv zu werden. Deutschland kann und wird mit seinen Bürgern nicht so umgehen! Wir haben beste Kontakte, alle kennen uns. Komm, wir gehen zum Kreisleiter Krawielitzki, und du kannst dich an deinen Freund Roland Freisler wenden, der immer bekannter wird ..."

„Freisler?" Willi brüllt fast. „Ich habe ihn Jahre nicht gesehen. Aber ich habe von seinen Reden und Veranstaltungen in Kassel gehört. Freisler ist ein hervorragender Jurist, er wird das Recht so hinbiegen, wie er es braucht. Er ist ein glänzender Rhetoriker, ein Manipulator und ein Betrüger obendrein. Ein Opportunist ohne jeden Skrupel! Heute schon Staatssekretär! An den willst du dich wenden? Weil wir vor zig Jahren Skat miteinander gespielt haben? Weißt du, warum er und ich so gut miteinander auskamen? Er ist ein Schauspieler, ein Spieler, und manchmal wäre ich das auch gerne gewesen. Er wird uns nicht helfen, wir sind nicht Teil seines Spiels, wir sind auf der Verliererseite. Nein, der wird einmal zu den Schlimmsten gehören."

„Willi, sie können uns nicht alle links liegen lassen. Das mit dem Boykott der jüdischen Geschäfte und den Pöbeleien, das sind momentane Aufregungen. Die Leute wollen doch schon morgen wieder einkaufen, weil die jüdischen Händler die Dinge verkaufen, die sie brauchen. Und auf dem Land die Viehhändler! Mein Vater war Viehhändler, du weißt das. Die Bauern brauchen sie. Die Banken geben ihnen keinen Kredit, aber die Viehhändler haben ihnen immer Lösungen angeboten. Sie brauchen uns doch alle. Wir sind gute Deutsche, du und ich, wir haben Jahre für Deutschland im Weltkrieg gekämpft genau so wie die anderen."

„Hermann, wie blöd bist Du?" „Willi, ich bitte Dich!!" „Nein, du begreifst gerade nichts! Glaubst du, der Bauer ist dem Viehhändler Reis dankbar deswegen? Nein, er hasst ihn dafür! Er ist von ihm abhängig, von einem Juden!"

Willi Wertheim ist jetzt in Rage. „Und wenn du mit deutsch und Verdienst und dem ganzen Mist anfängst: Geh rüber zu Elwert, sieh dir das Buch an, das gerade alle kaufen, Rosenberg, ‚Mythus des 20. Jahrhunderts'. Rosenberg, der Denker, der Philosoph der Nazis. Keiner liest das Buch, weil die verquaste Scheiße unlesbar ist ..." - „Willi!" - „...ich wiederhole, Scheiße und unlesbar, aber die Botschaft, die sich alle ins Regal stellen, ist klar und schnell zu finden! Wir sind minderrassig gegenüber dem gesunden germanischen Volkskörper, die jüdischen Anwälte rauben den Deutschen das Recht. Wir sind Volksschädlinge, die zu bekämpfen sind. Bisher war das alles papierner Unrat.

Aber jetzt erleben wir den Anfang der Aktion. Ich gehe nicht zur Schlachtbank. Ich bin morgen weg, wenn ich nicht vorher verhaftet werde."

Jetzt wird Hermann Reis sauer: „Das ist doch alles übertrieben. Wir müssen dies nur mit Würde aussitzen. Und wenn es so schlimm sein sollte, wie du sagst, dann müssen wir den Juden in Marburg doch helfen. Wir haben Kontakte, uns kennt und respektiert man. Wir werden gebraucht und du willst einfach gehen. Das ist unverantwortlich, vielleicht sogar feige! Denk doch an deine Familie! Unsere Kinder gehen hier in die Schule!"

„Und wie lange noch? Warum sollte ein jüdisches Kind auf eine anständige Schule gehen können, wenn ein Jude kein Anwalt mehr sein darf? Und demnächst kein Geschäft mehr führen kann, weil der Pöbel ihm den Laden zerschlägt? Und wie willst du helfen? Schaufensterscheiben reparieren? Ich kann das nicht und du, mit Verlaub, noch weniger. Außerdem lebst du vielleicht eh' bald nicht mehr hier in Marburg! Liest du diese Scheißzeitung überhaupt?" Er knüllt die OZ zusammen und schmeißt sie in die Ecke. „Dann hättest du gelesen, dass sie in Dachau ein Konzentrationslager errichtet haben, da sind mehr als fünftausend politische Gefangene drin! Konntest du alles in diesem Schmierblatt lesen! Vielleicht machen sie das auch bald so mit uns Juden?"

„Nein! Wir sind nicht politisch und nicht kriminell!" Jetzt brüllt Reis.

„Die da drin sind auch nicht kriminell!" blafft Wertheim zurück. „Und natürlich sind wir politisch! Die Rote Hilfe, mit der ich zusammenarbeite, ist für die Nazis eine hochpolitische Veranstaltung – und zwar gegen sie! Aber ich werde mich nicht verhaften lassen!

Hermann, es kotzt mich an, wie du immer noch wegerklären willst, geduldig sein willst. Weißt du was? Du warst immer der bessere Anwalt, der gebildete Mensch, immer höflich, hartnäckig, zuvorkommend, selbst harter Tobak war bei dir in freundlicher Verpackung. So weit, so gut. Aber du warst das auch, wenn nicht dein Mandant, sondern du selbst von der Gegenseite angegriffen wurdest, wenn du als Anwalt vom Gericht schlecht behandelt wurdest. Du bist nie laut geworden, du hast nie Zähne gezeigt, du hast wie von Jesus verlangt auch die andere Wange hingehalten. Du hast dich demütigen lassen. Und du wirst dir dafür nichts erkaufen können, gar nichts, jetzt noch weniger als früher. Deine Zuvorkommenheit wird in der Unterwerfung enden. Und du, du hast mir Hinweise gegeben, dass ich mich mehr zurückhalten soll. Dabei hättest du bei mir was lernen können. Aber gut, bleib hier, geh zum Kreisleiter, diesem geltungssüchtigen Versager, du wirst noch an mich denken."

„Willi, ich kann das nicht akzeptieren, wie du redest, das steht dir nicht zu. Es tut mir leid, dass es so auseinandergeht. Lebe wohl. Ich wünsche dir und deiner Familie alles Gute!" Hermann Reis reicht Willi Wertheim förmlich die Hand, dann umarmen sie sich doch noch flüchtig.

Willi Wertheim hat den Türgriff schon in der Hand. Es sieht aus, als hätte er Tränen in den Augen. Nein, es sieht nicht so aus: Er hat Tränen in den Augen. „Du siehst, was sie schon mit uns angerichtet haben, Hermann. Leb wohl.“

1933 – An der Universität

Krawielitzki schwebte auf der Straße der Sieger. Der Oberbürgermeister geschasst, die Stadtverordnetenversammlung von Kommunisten, Sozialdemokraten und anderen unzuverlässigen Elementen gereinigt, die Parteigenossen überall im Vormarsch. Kein Posten im städtischen Dienst, kein Bürgermeister auf dem Land wird eingestellt ohne seine Zustimmung. Alles sein Verdienst, und der Verdienst der Kameraden, die er angeleitet, geschult und begeistert hatte. Jetzt war die Universität dran. Der Angriff gegen den Volkswirtschaftler Prof. Wilhelm Röpke sollte das erste Signal sein, weitere sollten folgen. Er hatte bereits an den Reichskommissar für Kultur geschrieben, doch jetzt wollte er die Sache vor Ort weitertreiben.

Das Gespräch beim Rektor der Universität würde kein Problem sein. Professor Dr. Walter Merk, Jurist, deutschnational gesinnt seit langer Zeit, in zahllosen verdienstvollen Organisationen wie dem „Alldeutschen Bund“ und dem „Bund nationalsozialistischer Juristen“ zuhause, würde der Entfernung des arroganten Flegels und politischen Provokateurs Röpke mit Überzeugung zustimmen.

Jetzt galt es zunächst, zu warten. Krawielitzki war wütend. Er, der Kreisleiter der NSDAP, stand schon zwanzig Minuten im Vorzimmer des Rektors, der trotz vereinbarten Termins noch nicht aufgetaucht war. Krawielitzki hatte sich beeilt, noch schnell seine Zustimmung zur Einstellung eines ehemals kommunistischen Bahnarbeiters gegeben, der aber glaubhaft versichern konnte, „Mein Kampf" gelesen zu haben.

Aber die Universität hatten sie noch nicht im Griff.

Endlich kam der Rektor herein, nickte dem Gast zu, den er offenbar nicht einordnen konnte und dessen Verabredung ihm allen Anschein nach entfallen war. „Sie haben einen Termin, Magnifizenz", flötete seine Sekretärin, deren gepflegte, aber zerknitterte Erscheinung mit ihrer wunderbaren sanften Stimme nicht mithalten konnte, was Krawielitzki, der mit ihr telefoniert hatte, denn auch sofort enttäuscht hatte.

„So, so, Sie sind .... ?" „Hans Krawielitzki, Kreisleiter der Nationalsozialistischen Deutschen Arbeiterpartei!" rapportierte der. Merk schien mäßig beeindruckt, erinnerte sich jetzt aber zumindest und bat ihn in sein Zimmer.

„Warum schreiben Sie an den Reichskommissar, wenn Sie meinen, hier an dieser Universität sei ein Personalthema zu behandeln? Kennen Sie sich aus, wie solche Entscheidungen hier laufen? Kennen Sie die Universität?"

„Ich habe hier Jura studiert, habe auch Vorlesungen von Ihnen gehört, Magnifizenz." „Das ist ja erfreulich, ein Jurist. Herr Assessor Krawielitzki! Wo arbeiten Sie, wenn ich fragen darf? Justiz? Anwalt?"

„Ich arbeite schon seit 1927 für den Aufbau der Partei, für Deutschland. Mein Studium habe ich daher nicht beendet. Die Partei hat mich beauftragt, mich um die Wahrung der nationalen Interessen und des deutschen Geistes an der Universität Marburg zu kümmern."

„Sie haben kein abgeschlossenes Studium, wollen aber ausgerechnet die Universität bevormunden? Das halte ich für ein Problem."

„Die Frage, ob ich ein Examen habe, hat wenig damit zu tun, ob hier im deutschen Geiste und für das deutsche Volk gelehrt wird! Herr Professor Röpke verhält sich seit Jahren unnational! Bei der Beerdigung von Professor Troeltsch hat er Voltaire, einen Franzosen, zitiert und mit hochnäsigen Vergleichen die Regierung und den nationalen Umschwung verunglimpft! Er hat behauptet, wir wollten Deutschland wieder in einen Urwald zurückverwandeln."

„Nun machen Sie mal langsam, junger Mann. Ihren Brief habe ich gelesen, Sie brauchen ihn nicht nochmal zitieren. Aber die Verdienste des Kollegen Röpke um die Wirtschaft Deutschlands haben Sie in Unkenntnis doch etwas forsch beiseite gewischt!

Ich gebe im übrigen gerne zu, dass ich das von ihnen inkriminierte Voltaire-Zitat ‚Il faut cultiver notre jardin' für viele Gelegenheiten durchaus als passend und bedenkenswert empfinde. Haben Sie ‚Candide' gelesen? Nein, sicher nicht.

Nun, egal. Es wird Sie nicht überraschen, dass wir politisch absolut auf einer gleichen Linie sind. Ich war schon in nationalen Organisationen tätig, als Sie noch ...

na ja, das brauchen wir nicht zu vertiefen. Haben Sie im Weltkrieg gekämpft?“

„Marburger Jäger! Allerdings kamen Dolchstoß und Schandfriede unserem Einsatz an der Front zuvor!“

„Nun ja, Jugend ist kein Makel. Und Alter keine Tugend, wie das Beispiel des Kollegen Röpke zeigt, den ich in der Tat auch für kaum länger tragbar halte. Ich werde mit den zuständigen Stellen beraten. Sie werden das Ergebnis erfahren. Aber nochmal zu Voltaire und anderen: Auch im nationalen Staat, auch als deutsches Volk werden wir uns mit Philosophie befassen. Auch mit Staatsphilosophie und Staatsrecht! Stimmt, Sie haben ja nicht zu Ende studiert. Aber ‚Mein Kampf‘ haben Sie sicher gelesen! Da sehen Sie, dass auch der Führer intensive philosophische Erwägungen anstellt.“

„Selbstverständlich habe ich ‚Mein Kampf‘ gelesen! Mehrere Male. Und Rosenberg.“

„Rosenberg? Den konfusen Philosophen der Bewegung? Sagen Sie mir jetzt nicht, dass Sie das zu Ende gelesen oder gar völlig verstanden haben. Ich zumindest habe das nicht.“

Und mit ein oder zwei weiteren jovialen Sätzen komplimentierte er Krawielitzki aus der Tür in das Vorzimmer und von dort auch hinaus auf den Gang.

Krawielitzki ballte draußen die Fäuste. Sie würden ihn noch kennenlernen.

1933 - Das Treffen

Kühl bleiben, wenn möglich sich überlegen geben. Du bist ein erfahrener, angesehener Jurist, ein ehemaliger Anwalt mit großer Erfahrung, mit beruflichem Erfolg, mit Doktortitel. Der andere, den du aufsuchst, ist ein Gescheiterter, der seine Jahre verbummelt hat, der den Krieg nicht wirklich mitgemacht hat. Hermann Reis versucht sich Mut zu machen. Allerdings bleibt die Tatsache, dass der andere NSDAP-Kreisleiter ist. Und er, Hermann Reis, ist nicht mehr Anwalt. Weil die NSDAP es so will. Weil er ein „Volksschädling“ ist, „Untermensch“ oder was auch immer. Hermann Reis will wütend sein, um hart aufzutreten, aber es gelingt ihm nicht wirklich, die Niedergeschlagenheit und die Scham in Wut zu wenden.

„Hermann, komm rein!“ Ganz ehemaliger Schulkamerad, als ob nichts wäre. Krawielitzki begrüßt ihn mit Handschlag, auch das erscheint Reis bemerkenswert.

„Hans, danke für den Termin. Ich habe in der Oberhessischen Zeitung gelesen, dass du jetzt Rechtsreferendar bist. Das stand in dem Artikel über die Amtsenthebung von Müller.“ Und schon ärgert er sich, dass er das in fast anerkennendem Ton gesagt hat. Schließlich war der Hinauswurf des Oberbürgermeisters eine Tat des politischen Mobs, nicht die von verantwortlich denkenden Menschen.

Krawielitzki ist peinlich berührt. „Nein, das hast du falsch gelesen. Nicht ich, Stoevesandt ist der

Rechtsreferendar. Ich arbeite jetzt schon viele Jahre für die Partei. Juristerei interessiert mich nicht mehr."

Aha, es interessiert ihn nicht mehr. Eine interessante Erklärung für einen, der es nicht gekonnt und nicht geschafft hat.

Reis ärgert sich schon wieder, aber jetzt gilt es, auf sein Anliegen zuzusteuern. „Du weißt, viele jüdische Bürger kennen mich, vertrauen mir. Ich möchte eine anerkannte Stellung als Verbindungsmann zwischen Verwaltung und jüdischer Bevölkerung. Ich will auch die offizielle Erlaubnis, die jüdischen Bürger zu beraten, gegen Honorar, in allen Fragen bis hin zu finanziellen Angelegenheiten."

„Hermann, du bist kein Anwalt mehr."

„Meinst du, das weiß ich nicht? Ich denke jede Minute daran! Ich war als erster draußen. Willi Wertheim sollte erst Anwalt bleiben für die Juden, dann Bachrach oder Krämer, jetzt darf keiner mehr vor Gericht auftreten. Und die anderen Anwälte nehmen keine Juden mehr als Mandanten."

„Das kannst du ihnen nicht verdenken." Krawielitzki spricht leicht herablassend.

Reis wird sauer. „Wie bitte? Was ist das alles für ein mieses Spiel? Sind wir im Mittelalter? Warum durften wir in den Krieg ziehen? Willi hatte eine schwere Kopfverletzung, ich war Jahre in Frankreich und in Russland im Dreck und im Kugelhagel. Wo warst du eigentlich? Und was unterscheidet uns?"

„Ich bin Deutscher und du bist Jude.“

„Ich bin kein Deutscher? Ich bin kein Deutscher?“ Die Wut steigt jetzt in ihm auf, lässt Reis laut werden, die Angst ist weg. „Was dann?“

„Ja, ja, du bist auch ein Stück Deutscher, aber eben kein volksdeutscher, kein deutschblütiger. Jude eben.“

„Und mit denen darf der Pöbel machen was er will? Wie vor drei Wochen? Schaufenster einschlagen, Passanten bedrohen, Schläger vor der Tür aufstellen und meine Mandanten belästigen?“.

„Das war kein Pöbel, das waren SA-Männer. Und in Marburg ist fast nichts kaputt gemacht worden. Ich bin nicht damit einverstanden, was da auf eigene Faust gemacht wurde. Die Ordnung muss gewahrt werden. Alle Aktionen müssen ordnungsgemäß durch die Partei beauftragt werden.“

„Das ist es, was dich stört! Sie haben vergessen, dich zu fragen? Dich!?“

„Was willst du damit sagen? Respektierst du mich nicht? Ausgerechnet du?“ Hans Krawielitzki wurde jetzt auch lauter.

Bevor er sich stoppen kann, spuckt Reis seine Antwort aus: „Du hast nichts hingekriegt! Kein Studium, keinen Beruf, keine Familie, kein Kämpfen für die Nation im Weltkrieg! Und du guckst auf mich runter?“

„Ich arbeite seit Jahren für Deutschland, für den Führer! Ich habe die Partei in Marburg aufgebaut! Ich habe

Hitler nach Marburg geholt! Und du willst mich kleinlich an Familie, an ein Examen oder sonst was erinnern? Das ist doch jämmerlich!"

Reis weiß nichts zu sagen. Er zittert innerlich. Krawielitzki wird im Gegenzug ruhig.

„Hermann, das bringt uns nicht weiter. Wir kennen uns lange, seit der Schule. Ich weiß, was du kannst. Du musst das alles verstehen. Der Führer will einen neuen Menschen, einen höheren Deutschen. Da will er diese internationalen Einflüsse nicht, und schon gar nicht eure Geschäftemacherei, euren Geldadel, eure Fremdheit. Euren Liberalismus oder gar Kommunismus."

„Unsere Fremdheit? Meine Familie ist schon Jahrzehnte, Jahrhunderte hier in Hessen, Viehhändler, Handwerker. Wenn ich mich entsinne, kommst du woanders her!"

„Hermann, es ist wie es ist. Lass es gut sein. Und ja, ich denke wir brauchen einen Sprecher, einen Mittelsmann von euch und du bist die beste Besetzung. Ich werde dies bei der Verwaltung in Gang bringen. Du kriegst einen offiziellen Auftrag."

„Danke" sagt Reis mechanisch und bereut es sofort. „Hans, wo führt das alles hin? Müssen wir alle auswandern? Du weißt, wo Willi ist. Er ist in Frankreich, praktisch geflüchtet."

„Willi Wertheim hat sich immer zu wichtig genommen. Ich weiß nicht, was kommt. Wir werden sehen."

„Nicht wir werden sehen. Ihr, nur ihr werdet sehen. Ihr hättet Willi verhaftet und in ein Lager gesteckt oder ins Gefängnis. Ihr werdet sehen. Uns werdet ihr nicht fragen."

Nach einer Pause setzt er hinzu:

„Ich hoffe, ich kann auch künftig direkt zu dir kommen, wenn es nötig ist?"

„Jederzeit kannst du zu mir kommen."

Hermann Reis wendet sich zum Gehen, als sich Krawielitzki noch einmal zu ihm umdreht. „Übrigens, wir sollten künftig Sie zueinander sagen."

1933 – Schwarz auf Weiß

Hermann Reis hatte drei Dokumente vor sich liegen. Auf seinem Schreibtisch, in der Kanzlei Wertheim – Reis in der Nähe des Bahnhofs, die schon bald Geschichte sein würde. Wer würde dann dort einziehen?

Das erste Dokument sah eigentlich recht hübsch aus, ordentlich gesetzt in Frakturschrift, als „gez." im Druck unterschrieben mit dem Namen „Dr. Freisler im Auftrag", im Briefkopf der Preußische Justizminister. Bestes Briefpapier. So hübsch hatte auch seine Ernennung zum Notar vor ein paar Jahren ausgesehen.

Allerdings passte der Inhalt nicht zur gefälligen Form. Unter Hinweis auf die neue Fassung der Rechtsanwaltsordnung und eine dazu ergangene allgemeine Verfügung wurde ihm mitgeteilt, dass ein Vertretungsverbot „für Sie" erlassen worden sei. Wieso „für"? Richtig formuliert wäre wohl „gegen Sie" korrekt gewesen. Immerhin hatten sie ihn in der Adresse noch als „Herrn Rechtsanwalt Dr. Hermann Reis" angesprochen.

Ein Berufsverbot vom Kollegen Freisler, dem schneidigen Kasseler Juristen, Skatspieler, dem Bekannten von Willi Wertheim und ihm, schon weit aufgestiegen im Justizministerium. Noch vor wenigen Wochen hatte Hermann Willi empfohlen, Freisler anzusprechen. Und Willi hatte recht, einen so naiven Vorschlag konnte nur er, Hermann Reis, machen. Natürlich hatte Freisler nicht persönlich unterschrieben, wie viele jüdische Rechtsanwälte gab es in Preußen?

Aber ob er beim Konzipieren dieses Briefs an seine beiden ehemaligen Kollegen gedacht hatte? Vielleicht mit einem Hauch von schlechtem Gewissen? Vermutlich nicht.

Das zweite Schreiben konnte optisch nicht mithalten. Zwar auf einem Briefbogen des Amtsgerichts, spezifiziert mit „Der geschäftsführende Richter", aber nur ein maschinengeschriebenes Schreiben an die Herren Rechtsanwälte Dr. Bachrach, Dr. Wertheim, Dr. Reis und Dr. Krämer. Nur noch Herr Wertheim dürfe künftig als jüdischer Rechtsanwalt auftreten. Und dann kam es, was Hermann Reis die Hände vor Wut zittern ließ: „*Falls diese Anordnung nicht befolgt würde, so muss das Verbot des Betretens der Gerichtsgebäude ausgesprochen werden.*" Natürlich war es nicht nur die sprachliche Holperigkeit, die den Formulierungsexperten Reis störte, es war die ungeheure Beleidigung. Wer hatte bisher Hausverbot in den Gerichten bekommen? Der eine oder andere Betrunkene, der meinte, im Sitzungssaal auf den Zuschauerbänken in Ruhe schlafen zu können und ein paar wenige Querulanten, die das Justizpersonal mit ihrem Lamento über ihren verlorengegangenen Prozess aufhielten oder sogar den Richter belästigten. Und jetzt drohten sie ihm, dem erfolgreichen Rechtsanwalt und Notar so einen Rauswurf an!

Das dritte Schreiben ist vom Magistrat der Stadt und vom Landrat unterzeichnet. Hermann Reis wurde als „Rechts- und Devisenberater" für die jüdische Bevölkerung beauftragt. Schlicht, aber klar. Sein Start in die Zukunft. Er wird sein Ansehen, sein Können einsetzen, er wird Geld verdienen, er wird respektiert und gefragt sein. Und irgendwann wird die Ära Hitler vorbei sein, die Schikanen werden aufgehoben und er wird wieder als Anwalt arbeiten. Es braucht nur etwas Geduld, Hartnäckigkeit und Optimismus, gepaart mit Tatkraft. Und diese Eigenschaften hat er, bei aller Bescheidenheit. Alles wird gut werden. Reis strafft sich. Er merkt, dass er Hunger hat. Er wird sich beim Metzger was holen, koscher oder nicht koscher.

1934 – Eine Rede

Die Chargierten zogen unter dem Klang der Orgel in die Aula der Universität, nahmen mit Fahnen zu beiden Seiten des Saales Aufstellung. Auch der Rektor und die Professoren zelebrierten ihren Einzug wie Priester im Ornat. Gegen seinen Willen war Krawielitzki von dieser Vorstellung beeindruckt. Er war auch stolz, eingeladen zu sein und vorne bei den Ehrengästen zu sitzen. Noch vor einem Jahr hatten sie ihn schief angeguckt, jetzt hatten ihn die Honoratioren akzeptiert oder sich zumindest mit ihm abgefunden und er sonnte sich ein bisschen in ihrer Gesellschaft.

Es war die Versammlung des Universitätsbundes und als Hauptredner eingeladen war Franz von Papen. Krawielitzki wusste, dass Papen nicht mehr wichtig war für die Regierung, eher ein Relikt wie Hindenburg, aber als Vizekanzler des Deutschen Reiches war er natürlich eine große Nummer für die Universität Marburg. Krawielitzki sah, wie der „Herrenreiter" hereinkam, zu seinem Platz geleitet wurde, groß, alt, irgendwie englisch mit seinem nadelgestreiften Anzug. So sah die Speerspitze der Bewegung nicht aus, da war Goebbels in Marburg schon eine andere messerscharfe Urgewalt gewesen. Aber sicher würde Papen eine gute Rede hinkriegen zu den Aufgaben der Universität im nationalsozialistischen Deutschland. Der Mann hatte bestimmt ordentliche Redenschreiber.

Bevor es richtig losging, mussten erstmal langweilige Begrüßungen und Einführungen erduldet werden. Als dann auch die Musiker endlich ihre Instrumente gesenkt hatten, ging Papen ans Rednerpult. Er sortierte noch mal die Blätter. Er begann seine Rede mit den Aufgaben der Universität, den Werten von Wahrheit und Freiheit, dann irgendwas mit subjektiver und objektiver Wahrheit und Wahrhaftigkeit und Krawielitzki war schon verwirrt. Verstanden alle anderen diese verworrenen Sätze? Er ärgerte sich, weil er wieder an einige Vorlesungen während des Jurastudiums dachte, in denen er fast nichts verstanden hatte. Er hatte das immer auf seinen unregelmäßigen Besuch zurückgeführt. Was aber, wenn er es einfach nicht begriff? Wobei der alte Mann vorne auch ganz dicht über seinen Text gebeugt war, kaum aufsah – verstand der es?

Doch gleich war er wieder dabei: „meine innere Verpflichtung an Adolf Hitler und sein Werk …“, jawohl, das war schon mal gut: innere Verpflichtung. Und es ging besser weiter: „aus dem Tal der Trübsal, der Hoffnungslosigkeit, des Hasses und der Zerklüftung wieder zur Gemeinschaft der deutschen Nation zurückgefunden …“ Dann wurde es wieder komisch. Von ‚Schlacken‘ redete Papen da, der Energie, uns von Schlacken zu befreien, und er meinte offenbar nicht die Hindernisse, die dem Sieg des Nationalsozialismus noch im Weg standen, er meinte Schlacken in der Bewegung selbst? Was weiß der Clown da vorne über den Kampf der Bewegung? Jetzt redete er über die Presse, die ihre Aufgaben erfüllen müsste, Kritik üben sollte. Was wollte der? Sozialistische Hetzblätter wie das Hessische Tageblatt wieder erlauben?

In den Reihen der lokalen NS-Prominenz wurde es etwas unruhig. Hatte man richtig gehört oder nur nicht richtig verstanden? Gerade klang es auch so, als ob Papen den Anspruch der NSDAP bestritt, allein auf den neuen Weg zu führen, aber auch das war wieder in schwierige Sätze gepackt.

Jetzt wendet sich von Papen gegen das Schlagwort Reaktionär, ganz klar, er meint sich selbst, er will doch dabei sein und nicht zurückbleiben – dann müsste er vielleicht als erstes aufhören, sich so komplizierte Reden schreiben zu lassen.

Alles sehr anstrengend, aber auf einmal ist auch Krawielitzki empört und sicher hat er es richtig verstanden: „Der Staatsmann und Politiker kann den Staat reformieren, nicht aber das Leben selbst." Natürlich kann er das: Die Volksgemeinschaft formen, die Menschen erziehen, die Jugend vor allem – das ganze Leben wird anders sein. Jetzt schüttelte auch Krawielitzki den Kopf und reihte sich damit ein in die Unmutsäußerungen der anderen uniformierten SA-ler und Parteigenossen.

Und so gab es immer wieder Gründe zum Protest. Zwischen anspruchsvollen Herleitungen und Schlussfolgerungen, mit denen auch von Papen beim Referieren gelegentlich Probleme zu haben schien, gab er auch sehr klare Hinweise, z.B. gegen den Personenkult, gegen die Verwechslung von Vitalität und Brutalität, für die Achtung der europäischen

Nachbarländer und weitere Themen, die die NS-Prominenz im Saal mit wachsender Empörung aufnahm.

Auch Krawielitzki saß angespannt in Abwehrhaltung, als von Papen auf Christentum und Religion zu sprechen kam. Wenn er es richtig verstand, sagte von Papen in vielen Sätzen, dass der Staat sich politischer Eingriffe in Christentum und religiöser Überzeugung zu enthalten habe, vielmehr die Grundwerte zu akzeptieren habe und es Aufgabe jedes Verantwortlichen persönlich sei, die christlichen Werte auch gegenüber der Politik zu verteidigen. Die künftige Ordnung müsse auch eine göttliche Ordnung sein, die den Menschen nicht in seiner Religiosität gängeln dürfe. Alles in anspruchsvolle Worte und Sätze verpackt. Hatte er das richtig verstanden?

Christliche Werte, Glauben. Krawielitzki fühlte sich plötzlich und zum ersten Mal an diesem Abend persönlich berührt: Das Familienthema im Hause Krawielitzki war auch ihm ein innerstes Bedürfnis, eine Sehnsucht. Seine Gedanken wanderten in die Kirche, zu den beruhigenden Ritualen. Der 23. Psalm, der früher über seinem Kinderbett hing, dass Gott ihn beschützen würde. Das Weihnachtsfest in der Kirche, wo ihm der hingebungsvolle Gesang der Gemeinde und die jubilierende Orgelbegleitung von „Oh du fröhliche ..“ regelmäßig Tränen ins Gesicht trieben. Das Gebet am Abend, dem er all das anvertraute, was er sonst niemand sagen konnte, die Unsicherheiten, die Niederlagen, die Ängste, aber auch die Freude, wenn Dinge gelangen. Das war ein Teil von ihm, den er der Politik nicht opfern wollte, und als er wieder zuhörte und der Redner von Grenzen sprach, die der Staat gegenüber den Menschen nicht überschreiten dürfe, da dachte er, dass von Papen in all seiner Gewundenheit vielleicht doch nicht nur reaktionäres oder gar feindliches Zeug formulierte.

Plötzlich kam ihm wieder Ockershausen in Erinnerung: Was war es, was ihn damals hinderte, den schon erhobenen Stuhl in das Gesicht eines Gegners zu knallen? Angst, selbst hart attackiert zu werden, oder bürgerlicher Anstand, mangelnde Brutalität, oder doch die lange verinnerlichte Forderung nach Respekt vor dem Nächsten, christlicher Demut? Er wusste es nicht.

Im Saal wuchs die Unruhe. Jetzt galt es, sich wieder zu besinnen, dass er Kreisleiter der NSDAP war. Politik war Politik und Religion war Religion. Jetzt war Politik angesagt. Ein paar SA-Männer waren schon polternd aufgestanden und gegangen, einige Studenten zischten und als von Papen Bewunderung dafür ausdrückte, wie sich im Weltkrieg die englische Nation klassen- und parteiübergreifend zusammengefunden hatte, als die deutschen U-Boote England im Lebensnerv trafen, da machte auch er sich bemerkbar und rief „Bewunderung Englands ist Verrat am deutschen Soldaten!“, aber der Redner ignorierte die aufkommende Unruhe. Seinen letzten Satz hörte im wachsenden Geräuschpegel kaum einer der Anwesenden: „Die Geschichte wartet auf uns, aber nur dann, wenn wir uns ihrer als würdig erweisen.“

1934 - Frau Seeger

Hermann Reis sieht sie schon von weitem. Sie geht die Barfüßerstraße entlang, nicht flanierend, sondern zielstrebig, scheinbar ihm entgegen. Blond, hübsch, wie in seiner Erinnerung. Zwei Jahre zuvor hatte er ihre Scheidung von einem gewalttätigen Ehemann erreicht und er hatte die Termine mit ihr zunehmend genossen. Es waren sehr ernste Gespräche, er erfragte ihre Geschichte, notierte Vorfälle von Gewalt und Misshandlung, mit genauen Daten und Details. Und er fertigte fast perfekte Schriftsätze, die das Gericht mühelos überzeugten. Der mal aufbrausende, mal zerknirschte Ehemann hatte keine Chance und die Ehe wurde geschieden. In ihrer Erleichterung hatte Frau Seeger Reis in das Café Vetter eingeladen und sie plauderten in Hochstimmung über den Termin und sie dankte ihm mit glänzenden Augen. Sie erzählte von ihrem Kind und von der Arbeit und er genoss es, dass sie ihn, nachdem sie ihm im Verfahren Einblicke in ihr trauriges Eheleben geben musste, nun auch an schönen Seiten ihres Lebens teilhaben ließ. Sie hatte ein wunderbares Lachen. Als sie nach einer halben Stunde die Wendeltreppe zu den Toiletten hinunterging, schaute er ihr hinterher, und obwohl er sicher war, dass er mit Selma die beste aller Ehefrauen hatte, waren seine Gedanken in diesem Moment nicht von anwaltlicher Distanz geprägt und auch nicht von der Sittlichkeit, die er sich normalerweise abverlangte. Als sie sich kurz darauf verabschiedet hatten, bedrängten ihn Gedanken, was sein Partner Willi Wertheim wohl gemacht hätte –

es wäre nicht sein letztes Treffen gewesen und wenn seine Frau mal wieder mit den Kindern zu ihrer Mutter gefahren wäre, dann hätte Willi Frau Seeger eingeladen und sie wäre gekommen … so wurde es über Willi erzählt, aber er hatte ihn nie auf solche Themen angesprochen. Doch der Gedanke irritierte und elektrisierte ihn zugleich.

Jetzt sieht Hermann Reis Frau Seeger wieder, zum ersten Mal seit der Verabschiedung im Café. Sein Gesicht strahlt, er lüpft den Hut: „Guten Tag, Frau Seeger, wie geht es Ihnen?“ Aber ihr Gesicht bleibt unbewegt und während sie vorübergeht, hört er ein leises, sehr förmliches „Guten Tag, Herr Dr. Reis“, ohne dass sie auch nur einen Schritt innegehalten hätte.

1934 - Ein Brief

Werter Kollege, lieber Willi,

auch wenn wir keine Anwälte mehr sind, nicht mehr das tun dürfen, was wir können, so denke ich an Dich doch immer als Kollegen, der mich aufgenommen und gefördert hat. Ich denke, wir waren ein gutes Gespann.

Natürlich hattest Du recht, sofort zu gehen. Heute bewundere ich Deine Konsequenz. Ich weiß nicht, ob es mehr Deine Impulsivität oder Deine Weitsicht war, aber Du hast es richtig gemacht.

Ich war fast sprachlos, als ich hörte, dass Du in Paris einen Buchladen hast. In einem fremden Land mit fremder Sprache einen Buchladen! Wie machst Du das nur? Ich wüsste gar nicht, wie das geht. Wieder bewundere ich Dich und ich gebe es zu, ich beneide Dich auch ein bisschen.

Als er das schreibt, denkt er nicht nur an Willis Mut, ein neues Leben in einem neuen Beruf in einem neuen Land zu beginnen. Er denkt mit Wehmut und Verlangen an das Lachen der Frau Seeger, gleichzeitig treibt ihm die Demütigung am Vortag eine lange nicht mehr erlebte Schamröte ins Gesicht. Was Willi wohl so am Abend im sommerlichen Paris macht, Frau und Kinder im entfernten Südfrankreich, wie Hermann gehört hatte? Er ist froh, mit Selma und Marion zu sein, abends zu ihnen nach Hause zu kommen, er will dies alles nicht in Gefahr zu bringen. Und dennoch ... Er beginnt wieder zu schreiben:

Ich versuche mich weiter für die jüdische Bevölkerung einzusetzen und gleichzeitig mein Auskommen zu sichern. Ich arbeite als eine Art Verbindungsmann zu den Behörden, ich berate, verhandle, vertrete. Ich konnte schon einiges erreichen, auch wenn es immer wieder Rückschläge gibt. Man respektiert mich meist und es schadet nicht, dass ich den NSDAP-Kreisleiter Hans Krawielitzki, unseren ehemaligen Mitschüler, gut kenne. Der grüßt mich auch in der Öffentlichkeit und hat neulich sogar auf der Straße mit mir ein Gespräch geführt.

Ich hoffe es geht Dir gut! Lass wieder von Dir hören. Mit den herzlichsten Grüßen auch an Deine Familie,

Dein Hermann

1934 – Ein Angriff

„ … daß auch hier in der Stadt Marburg der Wille des Führers erfüllt wird." Glänzend formuliert. Dieser Schlusssatz des neuen Oberbürgermeisters Dr. Scheller bei seiner Amtseinführung war Extraklasse. Auch Krawielitzki selbst hatte als Kreisleiter eine Rede gehalten, gönnte aber dem neuen Mann den rhetorischen Höhepunkt. Schließlich war der vorher Chefredakteur der Oberhessischen Zeitung, er konnte mit Worten umgehen und die Bewegung liebte zündende Sätze. Krawielitzki war zufrieden. Vorgänger Müller war ohne Zeremonie rausgeworfen worden, der neue Mann der Zukunft mit allen Ehren installiert. Und das war ganz maßgeblich sein, Hans Krawielitzkis, Werk. Der Erfolg ist dem Tüchtigen hold.

Dies war ein knappes Jahr her. Scheller und er hatten bestens zusammengearbeitet. Die städtischen Dienststellen arbeiteten im Sinne der Zukunft, kein Schreiben ging ohne „Heil Hitler" raus, Straßen und Plätze wurden durch die Partei geprägt. Sie hatten eine Adolf-Hitler-Schule, eine Horst-Wessel-Schule, eine Schlageter-Schule, einen Adolf-Hitler-Platz, eine Otto-Böckel-Straße war in Arbeit.

Auch heute dachte Krawielitzki an jenen Festakt. Aber heute tobte er. Vor ihm lag die Kopie eines Briefes. „Wo ist diese Ratte? Was für eine bodenlose Unverschämtheit? Was glaubt dieser Wicht, sich erlauben zu können?" Und so weiter. Im Büro der Kreisleitung senkten die Schreibdamen und zufällig anwesende Parteimitglieder die Köpfe. So hatten sie ihren Chef noch nie gehört. Er war völlig außer sich.

Parteigenosse Bühner, Eisenbahnwerksmeister bei der Reichsbahn, Stadtverordneter seit kaum einem Jahr, hatte einen Brief an den Oberpräsidenten der Provinz Hessen-Nassau, Philipp Prinz von Hessen, und an den Reichsminister für Propaganda, an Goebbels selbst, geschrieben. Scheller sei der falsche Mann, Walter Voß, einer der Bürgermeister, wäre der bessere neue Oberbürgermeister gewesen. „Und er kann nicht mal den Namen von Voß richtig schreiben! Und bringt sich selbst auch gleich als Bürgermeisterkandidat ins Gespräch. Der und Bürgermeister? Armes Marburg“, regte sich Krawielitzki weiter auf. Scheller und er, Krawielitzki, seien unbeliebt in der Bevölkerung, schrieb Bühner weiter, Scheller habe Affairen mit verheirateten Frauen. Das alles war jedoch nichts im Vergleich zu dem was dann kam: Es werde in der Stadt behauptet, so Bühner, dass er, Krawielitzki, der Sohn des preußischen, protestantischen Pfarrers und Diakonieleiters, nicht arischer, sondern jüdischer Abstammung sei! „Natürlich traut er sich nicht, dies im eigenen Namen zu behaupten. Er erzählt ja nur ein Gerücht! Dieser elende Feigling! Hat er sich jemals getraut, uns öffentlich zu widersprechen, uns anzugreifen? Diese miese Ratte!“ In der Aufregung fiel ihm kein anderes Schimpfwort ein.

Er wusste, ein Gerücht bleibt nie ganz wirkungslos. Etwas bleibt immer hängen. Und wenn einer sagt, der andere sei unbeliebt, dann meinen die ersten unsicheren Gestalten auch gleich, dass sie ihn eigentlich nie gemocht hätten. Aber schlimmer: Falls er mal ins Gespräch kommen sollte für größere Aufgaben in Partei und Staat, dann würde Goebbels sagen: „Krawielitzki? Da war doch mal was.“ Gute Arbeit, Parteigenosse Bühner!

Angewidert verließ Krawielitzki das Parteibüro. Er musste zu Scheller, ihn informieren.

Drinnen im Büro atmeten alle auf. Morgen würde er sich beruhigt haben, oder?

1934 – Eine Doppelseite in der „Oberhess“

Eugen Siebecke und Hermann Reis standen über den Tisch gebeugt, darauf lag aufgeschlagen eine Doppelseite der Oberhessischen Zeitung: „Der neue Landrat des Kreises Marburg“.

Siebecke las laut vor: „.. ‘daß unter seiner Führung der Kreis Marburg nationalsozialistisch verwaltet wird, daß durch ihn die Einheit von Partei und Staat auch im Kreis Marburg gewährleistet ist.‘ Und das noch in Fettdruck.“

„Ja, mein Mitschüler Krawielitzki ist angekommen nach vielen Jahren. Noch vor kurzem eine gescheiterte Existenz, jetzt eine Doppelseite in der Zeitung nur für ihn! Und wir sind die Gescheiterten.“

„Wir sind nicht gescheitert!“, gab Siebecke zurück. “Wir sind von einer gesetzlosen Bande aus unseren Aufgaben gedrängt worden. Ich fühle mich noch heute als rechtmäßiges Mitglied des Magistrats von Biedenkopf. Und der da ist als Kreisleiter der Partei und jetzt als Landrat voll verantwortlich dafür, was mit uns und anderen anständigen Bürgern passiert! Da steht übrigens nur: stellvertretender Landrat.

„Was nicht ist, wird noch werden“, murmelte Reis und deutete auf eins der Fotos: „Und natürlich das Foto mit Hitler, den kleinen Mädchen und ihm selbst, Kreisleiter Krawielitzki!“

„Klar doch. Aber guck auch das Foto von 1918 an, der schneidige Rekrut der Marburger Jäger!“

„Ja, und jetzt das neue Bild: Eine leichte Fülle im selbstgefälligen Gesicht. Sag mal, sehe ich das richtig, lässt er sich gerade ein Hitler-Bärtchen wachsen?“

Siebecke nahm die Seite hoch und hielt sie gegen das Fenster. „Nein, glaube ich nicht. Das ist nur ein Schatten im Foto. Aber zutrauen würde ich es ihm.“

„Fehlt nur noch, dass sie ihn zum Adligen machen. Lies mal hier: ‚Vorfahren väterlicherseits bis 1701 zurück verfolgbar, mütterlicherseits bis 1317, darunter Rittergutsbesitzer‘. Ein Vorzeigedeutscher, unser Hans Krawielitzki. Und hier seine Verdienste: Er hat die Partei aufgebaut, einen Stab von tüchtigen Mitarbeitern herangezogen. Sind damit die Schläger von Ockershausen gemeint?“

„Wie ungerecht von Dir, Hermann. Natürlich nicht. Und schau hier: alle Leute, die er nach Marburg zu Veranstaltungen eingeladen hat. Die ‚führenden Persönlichkeiten der Bewegung‘“.

Hermann las vor: „Strasser, Sprenger, Freisler, Rust, Goebbels, Prinz August Wilhelm, sogar Rosenberg, den Wirrkopf, und natürlich Hitler. Ich habe noch nicht mal alle vorgelesen.“

„Der ganze Abschaum!“ Siebecke schlug angewidert die Zeitung zu. „Weißt du was? Wenn Krawielitzki mal stirbt, hat die Oberhess in dem Artikel schon alles für den Nachruf aufbereitet.“ Er lachte über seinen eigenen Scherz.

„Sei vorsichtig, Eugen. So zu reden ist heute sehr gefährlich. Und wir sind auch ungerecht. Krawielitzki spendet sogar die Einkünfte, die er als ‚Staatlicher Kommissar für judenschaftliche Angelegenheiten' bekommt, der jüdischen Winterhilfe. Und man kann ihn immer ansprechen, wenn es ein konkretes Problem gibt. Da ist er dann ziemlich vernünftig." Reis legte die Zeitung beiseite.

„Ja, und Hitler mag Hunde und Kinder. Gut, das war jetzt unsachlich. Du hast recht. Selbst mit mir als altem Sozialisten redet Krawielitzki noch. Ich muss jetzt gehen. Ich habe zwar nicht mehr viele Termine, aber heute muss ich zum Friseur."

„Sei froh, dass du kein Jude bist. Wir dürfen nur noch Dienstags von 16 Uhr bis 18 Uhr zum Friseur."

„Das ist nicht dein Ernst. Doch? Unglaublich! Mal sehen, vielleicht ist der neue Landrat ja auch beim Friseur und lässt sich ein Hitler-Bärtchen rasieren."

1935 – Landrat Krawielitzki berichtet nach Kassel

Die Aufklärung in der Rassenfrage greift insofern in der Kreisbevölkerung um sich, als die Zeitschrift ‚Der Stürmer' mehr und mehr Verbreitung findet. Zu dieser Aufklärung tragen Stürmerkästen bei, die in verschiedenen Landgemeinden des Kreises Aufstellung gefunden haben. Es steht zu hoffen, daß damit auch der jüdische Handel eine Einbuße erleidet.

… hatte eine Judenfamilie es verstanden, einen Kreis junger Mädchen und Burschen in ihr Haus zu ziehen zum geselligen Beisammensein. Als der Verdacht greifbare Formen annahm, daß es dort verschiedentlich zu unzüchtigen Handlungen und Kuppelei gekommen sei, nahm ich zwei Personen in Schutzhaft. … Inzwischen ist gegen zwei der beteiligten Personen Anklage wegen Kuppelei erhoben worden. Auch in diesem Fall konnte ich feststellen, daß ein Teil der Bevölkerung den Juden wohlwollend gegenüberstand.

1936 - Harte Urteile, starke Behauptungen

„Herr Krawielitzki, so können wir doch nicht über den Stadtinspektor reden!“ Die Sekretärin hatte ihre Mitschrift unterbrochen.

„Doch, können wir!“ antwortete der. „Nein, wir machen es noch stärker. Schreiben Sie: Er ist ein politisch völlig wertloser Volksgenosse, der sich in den Jahren seit der Machtergreifung um die Belange des neuen nationalsozialistischen Staates in keiner Weise gekümmert hat.“

Und er diktierte weiter seine Stellungnahme zu dem Dienststrafverfahren, bis er das Diktat mit einem knackigen „Heil Hitler!“ beendete.

Die Sekretärin schloss den Notizblock und schlug die Briefmappe auf. „Dann haben wir noch diese Frage, wo der ehemalige Rechtsanwalt Wertheim ist und was er tut. Die Gestapo fragt an.“

„Und? Wissen wir das? Der ist doch nach Frankreich abgehauen.“

„Ja, und es wird gesagt er habe in Straßburg feindliche Reden gegen das deutsche Volk gehalten. Im Rundfunk. Aber das ist wohl nur Gerede. Keiner weiß was Genaues.“

„Genau so beantworten wir das. Schreiben Sie: Der Jude Wertheim, der in Marburg früher als Rechtsanwalt gearbeitet hat, eine linke Gesinnung hat und Kommunisten und Sozialisten verteidigte, hat sich 1933 nach Frankreich abgesetzt. Wir haben gehört, dass er im

Rundfunk in Straßburg deutschfeindliche Hetzbeiträge vorträgt."

„Aber wir wissen doch gar nichts genaues. Wenn er mal deswegen verhaftet wird …"

„… kann er ja sagen, dass es nicht stimmt. Schreiben Sie es genau so. Das passt doch prächtig zu diesem Wichtigtuer. So, und jetzt schließen Sie bitte mal die Tür. Das nächste Thema ist absolut vertraulich! Kein Wort darüber darf diesen Raum verlassen!"

Eingeschüchtert schloss die Sekretärin die Tür und blätterte eine neue Seite ihres Stenoblocks auf.

„Wir schreiben an den Polizeipräsidenten, Staatspolizeistelle in Kassel. Anrede und all das können Sie selbst einfügen. Schreiben Sie: Aus Momberg, Kreis Marburg, wird mir dieser Tage vertraulich von einer zuverlässigen Quelle folgendes berichtet: Der Parteigenosse und SA-Mann Herbert Passolt, wohnhaft in Momberg, hat ein Verhältnis mit der Jüdin Käthe Spier, ebenfalls in Momberg. Ist dies schon höchst ungewöhnlich und anstößig, so wird der Vorgang noch brisanter, wenn man weiß, dass Frau Spier erst vor drei Monaten aus Paris zurückgekehrt ist! Man mag sich fragen, warum in diesen Tagen eine Jüdin, dazu eine gutaussehende, elegante Erscheinung, wie mir mitgeteilt wird, nach Deutschland in einen Provinzort in Hessen zurückkehrt und dort ein Verhältnis mit einem gewöhnlichen Handwerker und SA-Mann eingeht! Aus Sicht des Unterzeichnenden besteht der dringende Verdacht, dass es sich hier um einen Fall von Spionage handelt, z.B. des französischen Geheimdienstes, der über ein unauffälliges Mitglied Parteiinterna der NSDAP herausbekommen will. Wir bitten dringend um Aufnahme von diskreten Ermittlungen!“

„Was passiert mit einer Spionin?“ fragte die Sekretärin besorgt.

„Gefängnis, Zuchthaus, Todesstrafe – je nachdem.“

Die Sekretärin erbleichte. „Unser Brief kann dazu führen, dass jemand zum Tode verurteilt wird?“

„Na und? Wenn uns jemand verrät, warum nicht? Sagen Sie, mögen Sie Ihre Arbeit hier nicht? Sie haben heute dauernd etwas auszusetzen.“

„Doch, doch, schon ... nur ... also ich meine, ich will nicht, dass jemand wegen mir stirbt ...“. Sie suchte weiter nach Worten, aber Krawielitzki war längst dabei, seine Aktentasche zu schließen und hörte gar nicht mehr zu.

Nicht zuviel zuhören, notfalls anweisen, klare Kante zeigen auch innerhalb der NSDAP – Krawielitzki war mit sich zufrieden. Gestern hatte er in einem Bericht sogar die NSDAP-Spitze wegen eines rauschenden Film-Balls in Berlin kritisiert und auf die Lage vieler Notleidender hingewiesen, die für ein solches Fest sicherlich keinerlei Verständnis hätten. Und er hatte sich gegen die zunehmende Bürokratisierung der Partei gewandt, die nur angepasste Jasager erzeugen würde. Er konnte sich das erlauben, er war das Gesicht der Partei in Marburg, ihr Machtzentrum. In der Festschrift zum

12jährigen Bestehen der Partei in Marburg sah der Leser gleich am Anfang ein ganzseitiges Bild von Adolf Hitler, auf der nächsten Seite in gleicher Größe das Bild des Kreisleiters: Entschlossener Blick, junge, tatkräftige Ausstrahlung – zugegeben, das Portrait war eigentlich schon etwas älter.

Was Krawielitzki in diesem Moment noch nicht wusste: Der Gipfel seiner Macht war erreicht. Und bald sollte er überschritten sein.

1936 - Landrat in der Provinz

Es war ein Riesenfehler gewesen. Er hatte sich herausdrängen lassen. Er, der erfolgreiche Politiker, der NSDAP-Kreisleiter, hatte sich entscheiden müssen: Kreisleiter der Partei oder Landrat. Landrat hatte er die letzten Jahre mit links vertretungsweise mitgemacht. Und jetzt das vergiftete Angebot: Volle Bezahlung im höheren Dienst, unkündbar, Pension, Witwenpension falls nötig für seine frisch angetraute Frau, Kinderzuschläge. Er hatte mitgespielt, war auf Nummer sicher gegangen, hatte sich für den Landrat entschieden.

Jetzt stand er hier, in einem Kaff mit kaum 200 Einwohnern am Rand des Landkreises und weihte ein Schwimmbad ein. Wenn man das überhaupt Schwimmbad nennen wollte. Ein Betonbecken mit Einstiegsleiter in einer Dreckswiese, Holzhütte als Umkleidekabine.

Als er kam, das übliche Aufgebot: Mehrere Amtsträger, die Schulkinder aufgereiht und viele Einwohner aus dem Dorf. Beim Gespräch mit dem Bürgermeister verstand er den Mann kaum, hier war breites, schwer verständliches Hessisch in Gebrauch. In Marburg bemühten sich die Bauern um eine Annäherung ans Hochdeutsche, sonst verstand sie auf dem Markt keiner, aber im eigenen Ort glaubten die, jeder würde ihre Sprache sprechen. Er war hier im Ebsdorfergrund, wenn er das richtig im Kopf hatte, aber vielleicht gehörte dieses Provinznest nicht mal mehr dazu.

Die Leute hielten Abstand zu ihm, was ihn störte und auch wieder nicht, für joviales Geplänkel hatte er sowieso keine Begabung, die Bauern sollten ruhig Respekt für die Uniform, die Partei, das Amt zeigen. Er hatte sich eine kleine Rede schreiben lassen, das Ergebnis war fast völlig unbrauchbar, der Verfasser war nicht mal vor Plattitüden wie „Hart wie Kruppstahl" und ähnlichem Quatsch zurückgeschreckt. Also hatte er fast alles durchgestrichen, die langatmigen Begrüßungen als erstes. Natürlich hatte er auch etwas zur staatspolitischen Bedeutung der körperlichen Ertüchtigung gesagt, zu Sport und Wehrhaftigkeit. Aber er hatte in mehr oder weniger stumpfe, gleichgültige Gesichter geschaut, nur die Kinder sahen fröhlich aus, aber nicht wegen seiner Rede, sondern weil sie sich nach der Feier umziehen und ins Becken gehen durften. Wozu überhaupt diese Feier, was sollte er hier, sollen sie doch ihre betonierte Grube selbst eröffnen.

Der Bürgermeister hatte etwas von „lange gewartet" gesagt und dann doch die Unterschrift des Landrats, endlich und vielen Dank und so weiter. Krawielitzki konnte sich an nichts erinnern. Die Stapel der Unterschriftsmappen hasste er, ließ sie tagelang liegen, um dann alles in einem Rutsch zu unterschreiben. Er versuchte, die Inhalte zu überfliegen, aber meist waren sie langweilig oder mühsam, dazu waren seine Leute da, warum sollte er sich damit noch groß befassen. Manchmal, wenn er etwas sah, was ihm nicht passte, strich er die ganze Seite durch, schrieb einen kurzen Kommentar an den Rand. Zur Rücksprache forderte er nie auf, wenn jemand meinte, ihn überzeugen zu müssen, sollte er sich halt einen Termin geben lassen. Das machten die wenigsten und das war gut so.

Wenn er dran dachte, dass er die Universität auf Vordermann gebracht hatte, dass er unzählige Veranstaltungen in Marburg für die Partei organisiert hatte, ein phantastisches Wahlergebnis eingefahren hatte, Hitler nach Marburg gebracht hatte – und jetzt dieses elende Kaff und morgen ein anderes und übermorgen das nächste …

Und wer hatte nun in Marburg das Sagen? Aufgeblasene Hohlköpfe wie der Gauleiter. Er, Krawielitzki, hatte es gründlich falsch gemacht. Auch wenn er die letzten Monate zunehmend ein schlechteres Gefühl hatte, nicht zufrieden war mit seinen Auftritten, sich „oben" nicht wirklich durchsetzen konnte, merkte, wie sein Aufstieg stagnierte. Aber der Rückzug von der vordersten politischen Linie war nun amtlich und das war seine eigene Entscheidung gewesen. Immerhin war er jetzt verheiratet und er und seine Frau würden dem Führer und Deutschland dann hoffentlich bald einige Söhne schenken. Aber auch das klappte gerade noch nicht.

Die ersten Kinder sprangen ins Wasser. Krawielitzki erwachte aus seinen Grübeleien, suchte den Bürgermeister – wie sah er nochmal aus? Wahrscheinlich übergewichtig und vom Bier gezeichnet – verabschiedete sich, murmelte etwas von dringenden weiteren Verpflichtungen und ließ sich nach Marburg fahren. Vier Uhr, kein Grund nochmal ins Büro zu gehen.

1938 – Nach dem Brand

Auch in Marburg brannte sie lichterloh. Die Feuerwehr schützte angrenzende Häuser, aber nicht die Synagoge. Ohne statische Untersuchungen wurde verfügt, dass die Brandruine abzubrechen sei auf Kosten der Eigentümer.

Niemand protestierte, keine Meldung sprach von Brandstiftung und Verbrechen, allenfalls wurde der Volkszorn bemüht. Natürlich kein Wort von angetrunkenen SA-Männern in konspirativen Hinterzimmern von Gasthöfen.

Krawielitzki, Landrat, nicht mehr Kreisleiter der Partei, hatte nichts damit zu tun, wie er Hermann Reis versicherte. Im Gegenteil, er habe sich in Kirchhain am gleichen Abend gegen Zerstörungen jüdischen Eigentums gewandt. Auch mit der Verhaftung der jüdischen Männer hatte er nichts zu tun, die alle nach Buchenwald transportiert wurden. Reis wusste fast nichts von Buchenwald. Ein Konzentrationslager war es auf jeden Fall, obwohl auch darüber niemand viel Informationen hatte. Reis dachte an das letzte Treffen mit Willi Wertheim, als sie über Dachau gesprochen hatten und die Frage, ob dies womöglich auch den Juden drohe. Jetzt war es offenbar so weit.

Reis wurde nicht wie die anderen in „Schutzhaft“ genommen. Er wurde gebraucht. Die finanziellen Folgen des Synagogenbrands waren zu regeln, die Frage, was mit dem Grundstück passiert. Reis hörte heraus, dass es Interessenten gab, die aus dem Verbrechen ohne jeden Verzug Kapital schlagen wollten, aber er wusste auch, dass die deutlich verkleinerte jüdische Gemeinde, von ständig neu erfundenen Abgaben und Strafzahlungen überzogen, einen Neubau niemals würde stemmen können. Wieder einmal konnte er nur noch die Scherben auflesen und versuchen, möglichst viel Geld für die Gemeinde heraus zu verhandeln. Dankbarkeit dafür durfte er von niemandem erwarten.

Nach drei Monaten kamen die nach dem Brand verhafteten Männer wieder nach Marburg zurück. Einer war im Lager gestorben. Die anderen freuten sich nicht, wieder zuhause zu sein, sie waren bleich, gealtert, ungepflegt. Sie durften nicht erzählen, was sie erlebt und erlitten hatten. Warum sie verhaftet worden waren, blieb ebenso unklar wie die Frage, warum sie wieder freikamen, es gab keine Gründe, keinen Sinn, keinerlei Möglichkeit, Einfluss zu nehmen. Man hatte sie gedemütigt.

Hermann Reis spürte, dass ihm keiner vorwarf, dass er nicht zu den Verhafteten gehört hatte, aber es rückte ihn von den anderen weg. Er würde eines Tages zwischen den Stühlen landen.

1938 – Leistungsbeurteilung

Krawielitzki kochte, hatte sich nur mit Mühe im Zaum. Er saß im Zug von Kassel nach Marburg und am liebsten würde er die Abteiltür eintreten, den Schaffner anbrüllen oder – noch besser - seinem Gegenüber, der mit offenem Mund an einem Schinkenbrot herumkaute, eine reinschlagen.

Noch einmal holte er den „Befähigungsbericht“ seiner Vorgesetzten in Kassel aus seiner Aktentasche, doch es wurde nicht besser: Veranlagung zum Verwaltungsbeamten: ausreichend, Fachkenntnisse: ausreichend, Fleiß: befriedigend. Ein vernichtendes Urteil. Und noch schlimmer das, was ihm vor einer Stunde in Kassel gesagt wurde: keine Führungsleistung erkennbar, wenig vor Ort im Landratsamt, kennt die Mitarbeiter nicht, interessiert sich nicht für ihre Aufgaben, hat keine Ahnung von Abläufen und Fachthemen – unglaublich, was sich diese Bürokraten erdreisteten! Natürlich kümmerte er sich nicht um die Baugenehmigung zur Erweiterung einer Scheune oder die Unterstützungsleistungen für einen Kriegsversehrten oder um das Altersheim hier oder dort. Er kümmerte sich um die großen Dinge, hatte Briefe nach Berlin geschrieben wegen der Lage der Universität (zu wenig Studenten), der Lage der Bauern (nicht genügend Erntehelfer, machen immer noch Geschäfte mit jüdischen Händlern), der Preisentwicklung und und und. Hatten sie seine Berichte nicht gelesen? Wussten sie nicht, dass das von ihm verantwortete Marburg ein Paradebeispiel für den großartigen Aufbau der Partei war? Erst neulich war er zu einer Wehrübung eingezogen worden, dort wurde ihm bescheinigt, dass er ein sehr reger, kluger Kopf sei – er hatte sich die Worte genau gemerkt -, ein ausgezeichnetes dienstliches Auftreten habe. Und Führung! Er wurde in den wenigen Wochen der Übung zum Gefreiten der Reserve befördert und zum Reserveoffiziersanwärter ernannt! Und jetzt kommen diese Schreibtischhocker und erzählen ihm etwas von mangelnder Eignung, mangelnder Führungsfähigkeit.

Er sollte sich beschweren, ganz weit oben, die fetten selbstgefälligen Bürokraten maßregeln lassen. Aber nein, das waren sie nicht wert. Vergessen, den Vorgang aus seinem Gedächtnis streichen und weitermachen wie bisher. Für Deutschland, für den Führer. Er stopfte den Bogen bewusst schlampig zurück in die Aktentasche, sollte er ruhig knittern und reißen, und holte den „Stürmer“ hervor, den er am Bahnhofskiosk gekauft hatte.

Sein Gegenüber rülpste leise und kramte ein weiteres Brot hervor.

1938 – Gott, Führer und Familie

„Ich habe viertausend Schwestern, Pfarrer, Mitarbeiter auf den richtigen Weg gebracht. ‚Heil Hitler' ist für uns Gruß und Gebet! Wir haben den Nationalsozialismus gegen alle Anfeindungen von Kirchenmännern verteidigt. Wir predigen die Botschaft Gottes und des Führers nicht nur in Deutschland, auch in China, in Amerika, in der Schweiz! Wir haben die Religion und den Nationalsozialismus versöhnt! Und ich soll nicht Mitglied der NSDAP sein dürfen?" Theophil Krawielitzki ging erregt durchs Wohnzimmer, seine Söhne Hans und Martin standen wie Schulbuben mit gesenkten Köpfen am Esstisch.

Der Gründer, „Führer" und Spiritus Rector des Diakonieverbandes war noch nicht fertig: „Mein Sohn Hans Kreisleiter der Partei, jetzt Landrat, mein Sohn Martin von mir zum Leiter unserer Missionen gemacht. Beide seid ihr Parteimitglied und keinem von euch gelingt es, mich zu unterstützen! Ich weiß, ich weiß, ihr wollt euch nicht offiziell für mich verwenden, aber könntet ihr nicht dafür sorgen, dass der Gauleiter diese Leistung hier für das deutsche Volk anerkennt? Könnt ihr auch einmal etwas für mich tun? Ich werde nicht aufgeben, und wenn ich an den Führer persönlich schreibe! Zuerst mal habe ich an das Parteigericht geschrieben!"

Hans Krawielitzki war bestürzt: „Nicht das Parteigericht! Ich werde gerade zum Vorsitzenden des Parteigerichts berufen! Vater, warum siehst du es nicht ein? Die Satzung verbietet die Mitgliedschaft von Pfarrern! Jeder sieht trotzdem deine großartigen Verdienste, deine Loyalität!"

„Martin ist auch Kirchenmann! Und er durfte!"

„Mein Parteieintritt ist lang her!", warf Martin ein.

„Ich sehe, ihr wollt mir nicht helfen, euch nicht die Finger schmutzig machen für euren Vater, der mehr für Deutschland und die Partei leistet, als viele der großmäuligen Nichtstuer in Uniform! Und jetzt muss ich arbeiten. Ihr entschuldigt mich!"

Martin und Hans gingen zur Tür. „Warum muss er sich da so reinsteigern? Und warum zeigt er uns immer wieder, dass wir ihm nicht genügen?" Vor dem Haus trennten sie sich mit knappem Gruß und jeder ging verbittert seiner Wege.

1940 - Der Nachmieter

Der Mann, nennen wir ihn Heinrich Hildebrandt, so wie es Milton Mayer in seinem Buch ‚They thought they were free‘ getan hat, war sehr nervös und fühlte sich sichtlich unwohl. „Ich habe gehört, dass die Wohnung frei werden soll! Eva ist schwanger und wir haben nur eine winzige Wohnung.“ Dass seine Frau schwanger war, das war sehr deutlich, denn Eva Hildebrandt, die sich etwas in den Schatten ihres Mannes zu drücken versuchte, hatte einen kugelrunden Bauch und bewegte sich schwerfällig.

Selma, die beim Eintritt von Hildebrandt in die Wohnung nur mühsam ihre Wut verbergen konnte, war sofort etwas milder gesinnt, als sie die schwangere Frau sah. Hildebrandt sprach fast ohne Pause weiter: „Ich könnte mir vorstellen, dass sie unsere Frage nach der Wohnung jetzt irgendwie persönlich oder politisch nehmen, und wahrscheinlich kriegen sie es auch schnell heraus, dass ich Parteimitglied bin, aber das hat nichts damit zu tun. Wir wollen sie auch nicht bedrängen, nur wir hatten eben gehört, dass die Wohnung frei werden soll …“

Während sich Selmas Blick wieder verfinsterte, half Hermann aus: „Das ist richtig, Herr Hildebrandt. Wahrscheinlich dürfen wir die Wohnung gar nicht mehr lang behalten, auf jeden Fall wird sie uns zu teuer. Vielleicht wissen sie, dass ich Rechtsanwalt bin, aber in diesem Beruf nicht mehr arbeiten darf. Was machen Sie beruflich?“ „Ich bin Studienrat an der Adolf-Hitler-

Schule." „Oh, meine alte Schule!", rief Hermann erfreut. „Allerdings hieß sie damals Oberrealschule." „Ja, eine sehr gute Schule. Ich bin froh, dort zu arbeiten." Hildebrandt war sichtlich erleichtert über die lockere Konversation, die Hermann Reis begonnen hatte.

Reis wiederum wunderte sich, dass ein NSDAP-Mitglied offensichtlich große Skrupel hatte, eine jüdische Familie aus ihrer Wohnung zu drängen. „Wieso denken Sie, dass ich erfahren könnte, dass Sie Parteimitglied sind?" „Meine Cousine ist mit einer Familie verwandt, für die Sie gearbeitet haben, ich weiß, dass Sie sich gut kennen: die Hensels. Meine Cousine ist Marie Luise Hensel. Sie hatte Albrecht Hensel geheiratet." Reis war sprachlos: Ein NSDAP-Parteigenosse ist verwandt mit einer jüdischen Familie. Und einer der sehr angesehenen Familien in Marburg überhaupt, mit berühmten Vorfahren, Musikern, Wissenschaftlern. Reis kannte sie in der Tat gut, auch Marie Luise. Er wusste nicht recht, ob ihn diese Information jetzt erfreuen sollte. Er fragte sich, ob die Summe, die er von Hildebrandt für die Übernahme einiger Möbel fordern wollte, angesichts dieser unerwarteten Verbindung zu Bekannten nicht zu hoch war – und ärgerte sich im gleichen Moment über diese Überlegung.

Selma hatte inzwischen, auch wenn es sie Überwindung kostete, Eva Hildebrandt die Küche und die übrigen Zimmer zu zeigen begonnen. Die Frau war eigentlich sympathisch, nett – und schwanger. Selma hätte auch gerne noch ein zweites vielleicht sogar drittes Kind gehabt, aber es war nicht passiert und inzwischen war sie froh darüber. Marion hatte die Schule verlassen müssen, arbeitete fast unentgeltlich und wurde trotzdem schlecht behandelt, sie mussten umziehen. Entgegen Hermanns unerschütterlichem Glauben, dass es auch wieder besser gehen könne, sah Selma nur einen Weg und der ging steil bergab.

Eva, die sich immer noch unwohl fühlte, sagte. „Es tut mir leid, was gerade mit Ihnen alles passiert. Das ist nicht recht. Als ich vor sieben Jahren Parteimitglied wurde, habe ich solche Dinge nicht gewollt." Selma, die gerade begonnen hatte, etwas Zuneigung zur hochschwangeren jüngeren Frau zu hegen, war augenblicklich wieder verbittert. Sie richtete sich auf. „Vor sieben Jahren wurde mein Mann gezwungen, seinen Beruf aufzugeben. Vor sieben Jahren wurden die Schaufensterscheiben der jüdischen Geschäfte eingeschlagen. Vor sieben Jahren wurde ein junger jüdischer Mann durch die Stadt getrieben, weil seine Braut Christin war und er sie mit seiner Freundschaft ‚schändete'. Und Sie haben das alles nicht gewollt. Sie müssen eine sehr dumme junge Frau gewesen sein, wenn Sie das nicht gewusst oder gewollt haben!"

„Ich habe es nicht gewollt! Ich will aber auch nicht, dass Sie mich so beschimpfen, wenn ich etwas Freundliches zu Ihnen sage! Das ist unverschämt!" Trotz ihrer harten Worte brach Eva in Tränen aus. Selma legte ihr die Hand auf die Schulter. „Ich glaube Ihnen, dass Sie das nicht wollen. Aber die meisten wollen es. Ich konnte mir das nicht vorstellen. Ich dachte immer, das sind ein paar tumbe Männer mit ihrem Judenhass. Das war naiv von mir. Aber das ist noch nicht alles. Es wird noch schlimmer kommen. Der einzige Jude in Marburg, der das nicht begreifen will, ist mein Mann."

Der sagte gerade zu Hildebrandt: „Machen Sie sich keine Gedanken. Nehmen Sie die Wohnung. Wenn Sie es nicht machen, nimmt sie jemand anderes."

Marion, die das ganze durch die angelehnte Tür mithörte, fing an zu weinen.

1940 - Amerika

„Es wird nichts mehr, oder? Schreibst du an deinem Roman?“ Selma legte die Hand auf Hermanns Schulter. Der saß am Tisch an der Schreibmaschine in der neuen Wohnung im „Ghettohaus“ in der Heusingerstraße. Nach der Schließung der Kanzlei hatte er lange Zeit keine Schreibmaschine mehr gehabt. Selbst getippt hatte er auch damals nur selten. Aber jetzt, mit der geliehenen alten Maschine, wird er mit jedem Brief und jeder Seite seines Lieblingsprojekts, einer Art autobiografischem Heimatroman, schneller, findet die Buchstaben schon ohne hinzusehen. „Was meinst du, es wird nichts mehr? Mit dem Roman oder mit unserer Ausreise?“ „Mit der Ausreise, Hermann, und du weißt, dass ich die Ausreise meine.“

Hermann Reis hatte Tränen im Auge. „Ich arbeite seit Jahren daran. Ich habe alles ausgelotet. Nach Amerika direkt, oder Zwischenaufenthalte mit Warten in England, in Belgien, in Holland. Ich war dreimal in Stuttgart im amerikanischen Konsulat. Ich habe Dutzende von Formularen geliefert. Wir haben alles gebracht, was sie wollten. Du weißt, wie schwer das war. Meine ständigen Forderungen an unsere Verwandten in Amerika, wegen Bürgschaften, wegen Geld, ich habe gebeten, ich habe gebettelt. Und sie haben uns geholfen! Und jetzt endlich war alles in Ordnung, wir waren fast am Ziel. Und Fritz hat uns das Geld für die Passage zur Verfügung gestellt.“

Er nahm den Brief des Konsulats aus dem Ablagekorb. Er hatte ihn schon viele Male gelesen:

In Anbetracht veränderter Umstände hat es sich als notwendig erwiesen, alle Einwanderungsanträge, die schon vorbehaltlich als genügend erachtet worden sind, einer erneuten Prüfung zu unterziehen. In vielen Fällen wird dieser Befund zweifellos widerrufen werden müssen. Es wird Ihnen daher geraten keine Reisevorbereitungen zu treffen oder falls schon bestimmte Schiffsplätze belegt worden sind, solche Bestellungen zu annullieren, bis Sie wieder vom Konsulat hören.

Auch Selma hatte den Brief mit seinem desaströsen Inhalt schon oft in der Hand gehabt. Hermann legte ihn zurück. „Ich schreibe gerade an Julius. Ich gratuliere ihm zu seinem ärztlichen Examen. Jetzt bekommt er vielleicht eine Anstellung oder kann sich niederlassen. Dann steigt übrigens auch seine Bürgschaft für uns im Wert."

„Hermann, wie oft hast du mir erzählt, was es alles für hoffnungsvolle Entwicklungen gibt. Wir haben zu spät angefangen! Vor fünf Jahren war alles viel einfacher. Dein Bruder, deine Schwester, die Cousins, sie sind rechtzeitig gegangen. Du wolltest nicht."

„Ich hatte eine Aufgabe hier!"

„Eine Aufgabe für andere! Aber uns selbst konntest du bis heute nicht helfen. Andere reisen aus nach Bolivien, nach Palästina, nach Shanghai sogar!"

„Wie könnten wir in Shanghai leben? Wir können dort nichts. Die Sprache, die Schrift, wir würden verhungern!“

„Wenn es in Deutschland weiter so geht, wird das Leben für Juden, egal wie schlecht es ist, überall besser sein als hier. Auch in Shanghai.“

Hermann schwieg.

Selma schaute auf Hermanns fast fertigen Brief. „Lass mich auch noch was darauf schreiben.“

Sie setzte handschriftliche Grüße auf Hermanns Brief und der fügte mit dem Füllfederhalter noch etwas dazu: *Wir waren so froh, daß alles in Ordnung war.*

1941 – Vernunft, Mut und ein heimlicher Gedanke

Der Gestapo-Mann tobte am Telefon. Landrat Krawielitzki, neuerdings wieder Partei-Kreisleiter, nachdem der andere an die Front beordert worden war, hielt dagegen: „Welchen Sinn macht es, eine Mutter, deren Söhne im Feld sind, einzusperren, nur weil sie ihren christlichen Glauben ein wenig neben der offiziellen Linie praktiziert?“

„Herr Landrat, und vor allem: Herr Kreisleiter der NSDAP, Sie scheinen keine Ahnung zu haben! Das Vorgehen gegen alles Okkulte ist direkter Befehl des Führers. Rudolf Heß ist die Sternendeuterei und das anthroposophische Gewese so in den Kopf gestiegen, dass er Deutschland in England verraten wollte! Die sogenannte Christengemeinschaft gehört zu diesen okkulten Bewegungen! Frau de Boor ist ein höchst aktives Mitglied!“ Der Gestapo-Mann war offenbar gut informiert.

„Sie ist Mitglied einer angesehenen Familie Marburgs, die dem deutschen Volk noch nie geschadet hat! Wenn wir so jemand einsperren, verlieren wir nur Vertrauen in der Marburger Bevölkerung. Und wir produzieren Kosten für den Staat, die völlig unnötig sind!“

„Wir könnten all die festgenommenen Sektierer auch gleich hinrichten, dann hätten wir keine Kosten mehr!“

„Wir reden über deutsche Bürger, die in ihrem Leben etwas geleistet haben!“

„Parteigenosse Krawielitzki, es ist nicht das erste Mal, dass Sie sich für politische Gegner, also für Abschaum und Verräter eingesetzt haben! Ich werde Sie beobachten lassen!“

„Wollen Sie, ein Polizeibeamter, mir, dem Landrat und Kreisleiter der Partei drohen?“

„Ja, das will ich.“

Zwei Stunden später stand Lisa de Boor in Krawielitzkis Büro. Sie bedankte sich, dass er sich für sie eingesetzt hatte, dass sie nicht wie angekündigt in ein Konzentrationslager kam.

„Die Tage im Gefängnis haben Sie gut überstanden?“ fragte Krawielitzki. Lisa de Boor erzählte etwas weitschweifig von den Menschen, die sie dort getroffen hatte, von der Arbeit dort (Wäscheklammern montieren), von der Gemeinschaft der Frauen. Krawielitzki wurde es zu gefühlig, zu poetisch, aber er kannte sie. Wahrscheinlich würde sie ein Gedicht daraus machen.

Es war einfach unvernünftig, wenn in diesen Zeiten des Mangels an Arbeitskräften die Bluthunde der Gestapo anständige Menschen wegen kleiner politischer Mängel aufwändig verfolgten. Der Krieg verlangte Opfer, aber auch Arbeitskraft!

„Wissen Sie noch, dass Sie einmal meiner Tochter zu ihrem Studienplatz verholfen haben?“, fragte Frau de Boor plötzlich. Krawielitzki erinnerte sich undeutlich. Irgendwelche Jugendsünden der Tochter, sozialistische

Schulungen oder so etwas. Er ließ sie ausreden, geleitete sie dann aber schnell hinaus.

Draußen im Vorzimmer saß Eugen Siebecke.

„Herr Krawielitzki, ich brauche eine neue Arbeit." Der ehemalige Behördenleiter im Landratsamt Biedenkopf, Sozialdemokrat und sicher keine Stütze des Nationalsozialismus, sah ihn ernst an.

„Kommen Sie rein." Krawielitzki wusste von den chronischen Geldnöten des sechsfachen Vaters. Er wusste, dass Siebecke mit seiner direkten, unverblümten Art, manchmal auch seiner Großmäuligkeit, häufig aneckte und seine Arbeit aufs Spiel setzte.

„Ich schätze Ihre Bereitschaft, mit mir zu reden und auch zu helfen", sagte der gerade.

„Ich bin ein Pfarrerssohn und Mitglied der Kirche. Ich bin ein Nationalsozialist und ein anständiger Mensch, hoffe ich. Das ist für mich kein Widerspruch."

Die Tür war inzwischen geschlossen. „Das sehe ich komplett anders und ich weiß, dass ich Ihnen das auch sagen kann, ohne ins KZ zu kommen." Siebecke war wie immer erstaunlich mutig.

Krawielitzki dachte nach: „Sie waren doch mal Lehrer an der Berufsschule? Können Sie Buchführung und den ganzen Kram, Steno, was weiß ich?"

„Klar kann ich das, ich bin ein Verwaltungsmann von der Pike auf!"

„Die Deutsche Arbeitsfront braucht einen Referenten für die Kurse für junge Verwaltungslehrlinge, habe ich gestern abend bei einer Parteisitzung gehört. Aber bei der DAF kriegt der alte Sozialdemokrat Siebecke wahrscheinlich kalte Füße."

„Ich wüsste nicht, wie man Buchhaltung sozialistisch oder nationalsozialistisch lehren kann. Richtig ist nur eines: Alle brauchen es. Klar mache ich das."

„Ich werde das regeln. Kommen Sie morgen nochmal vorbei."

Siebecke wandte sich zum Gehen.

„Siebecke, ich will Sie was fragen. Lassen Sie die Tür gerade mal zu. Sie sind fast der einzige, den ich kenne, der noch zu allem seine Meinung sagt. Wie sehen Sie den Krieg? Wie wird er sich entwickeln?"

„Herr Krawielitzki, wenn Sie es wirklich wissen wollen, was ich denke: Dieser Krieg, den ich für ein Verbrechen halte, was aber keine Rolle für Ihre Frage spielt, verzettelt sich über die ganze Welt. Überallhin schwärmen unsere Truppen aus. Im Moment gewinnen sie, alle glauben, sie sind unschlagbar, die anderen würden sich alle überrollen lassen. Ich bin sicher, das ändert sich. Und so viele Baustellen auf einmal kriegt dann keiner mehr zu."

„Ich bete, dass Sie Unrecht haben. Danke für diese Meinung, sie bleibt im Raum. Aber seien Sie vorsichtig, mit wem Sie so reden. Am besten mit gar niemand, nicht mal mit Ihrer Frau."

Als Siebecke gegangen war, stand Krawielitzki noch eine Weile am Fenster. Auch er sah mit Sorge die Entwicklung des Krieges. Was war, wenn alle Erfolgsmeldungen eines Tages in sich zusammenfielen? Wenn die Zahl der Feinde zu groß wurde für das mutige deutsche Heer? Vielleicht war es dann nicht schlecht, wenn man auch ein paar Freunde hatte, die nicht in der Partei waren. Aber diesen Gedanken behielt er sorgfältig für sich und an den meisten Tagen verbot er ihn sich selbst.

1942 – Aufschub

Selma war außer sich. Tränen liefen ihr Gesicht hinunter. Sie rang ihre Hände. Die Aufseherin im Elisabethenhof verstand erst wenig von dem, was Selma stockend und verzweifelt, von Schluchzen unterbrochen, erzählte. Dann schälte sich heraus, dass Marion einen Transportbescheid bekommen hatte. Nach Riga, ohne ihre Eltern, in zwei Wochen.

Marion arbeitete schon viele Monate im Elisabethenhof, einem Heim für „gefallene“ Frauen und Mädchen, zusammen mit zwei anderen jüdischen ehemaligen Schülerinnen, im Haus und in den Gemüsegärten.

Es war eine schlechte Arbeit, lange harte Arbeitsstunden, minimaler Verdienst. Es war aber auch eine gute Arbeit, denn der Elisabethenhof stand am Stadtrand von Marburg und Marion lebte zu Hause. Die Arbeit gab ihr Halt, den sie verloren hatte, nachdem sie aus der Schule geworfen worden war. Ihre Lehrer, ihre Mitschüler waren damals zum Teil erschüttert gewesen, hatten ihr alles Gute gewünscht, aber was sollte das sein? Sie besuchte immer wieder Frau Jahnow, die von ihr geliebte Lehrerin, gebildet, unverheiratet, unkonventionell, Jüdin und mit dem gleichen Schicksal: Sie hatte die Schule schon lange vor Marion verlassen müssen.

Auch Marion hatte ihre Mutter erst kaum verstanden. Nachdem die Nachricht zu ihr durchgedrungen war, war sie zusammengesackt, sie musste sich übergeben und saß dann totenbleich auf einem Hocker. Die Aufseherin, eigentlich überzeugtes Parteimitglied, machte den Boden sauber, was sie sonst Marion barsch angewiesen hätte. Sie war berührt von dem Schrecken und der Verzweiflung, die die beiden Frauen erfasst hatte. Sie wusste aber nichts Tröstendes zu sagen und wenn, hätte es nichts genützt. Sie kannte Selma. Die war gelegentlich eingesprungen, wenn Marion krank war. Die anderen Mitarbeiter auf dem Elisabethenhof hatten es ihr gedankt, die Leitung hatte es geduldet. Und jetzt war diese patente Frau völlig aufgelöst. Und ihre Tochter auch.

Zur gleichen Zeit ging Hermann Reis in die Höhle des Löwen, ging als Jude einfach hinein in die Zentrale der Kreisleitung, in der Otto-Böckel-Straße, der Straße des erfolgreichen Judenhassers. Er kümmerte sich nicht um die erstaunten Blicke, die an seinem Judenstern festhingen, er verlangte Krawielitzki zu sprechen. Reis wusste, dass Krawielitzki sich lieber in der Parteizentrale aufhielt als im Landratsamt, wo er sich rar machte. Er hatte Glück. Seinem fordernden, energischen Gesprächswunsch wurde von einer etwas ratlosen Mitarbeiterin nachgegeben und so stand er im Büro, dessen Wände geschmückt waren mit Hitlerbild, Hakenkreuzfahne, Bildern vom Besuch von Partei-Größen in Marburg.

„Was machst du hier? Hermann, das geht nicht!“

„Du siehst, dass es geht. Marion soll in zwei Wochen nach Riga. Ohne uns! Das darf nicht sein. Selma bringt sich um, wenn ihr das macht. Und ich weiß nicht, was ich tue!“

„Hermann, das ist eine Drohung. Wenn du so weiterredest, lasse ich dich festnehmen.“

„Marion muss von dieser Liste runter! Du sorgst dafür!“

„Bist du völlig übergeschnappt? Willst du mir Anweisungen geben? Außerdem weißt du, dass ich mit den Transporten nichts zu tun habe. Die sind eine Angelegenheit, weit oben beschlossen, durchgeführt von Polizei und Gestapo. Da kann ich nichts machen.“

„Doch, du kannst. Ich verlange es von dir. Ich habe noch nie etwas verlangt von dir, aber jetzt tue ich es. Sie muss von der Liste.“

„Wenn sie von der Liste kommt, was ich niemals glaube, muss jemand anderes auf die Liste kommen. Und das willst du jetzt erzwingen. Der Hüter der Gerechtigkeit, der Prediger von Moral und Anstand. Wenn es um dich geht, ist dir das jetzt offenbar völlig egal.“

„Ja, es ist mir heute egal. Es geht nicht um mich, es geht um Marion. Und Selma.“

„Ich mache das nicht. Ich habe schon so oft die Konfrontation mit Gestapo und SS riskiert, aber jetzt in einen Judentransport zugunsten einer Jüdin einzugreifen – das kannst du nicht von mir verlangen.“

„Hans, du musst das tun, sie muss runter von der Liste. Ich weiß und habe niemand sonst, der das könnte.“

„Das geht zu weit. Die Antwort ist nein. Ich sollte dich verhaften lassen. Du versuchst, aus egoistischen Gründen hoheitliche Handlungen zu sabotieren. Du riskierst dein Leben."

„Ich weiß das. Ich habe keine Wahl und du auch nicht."

„Natürlich habe ich die Wahl. Ich mache es nicht. Ich verstehe dich, aber das geht zu weit. Es wäre Wahnsinn, wenn ich das riskiere. Ich bin verheiratet und habe ein Kind."

„Hans, niemand ist ohne Fehl und Tadel. Ich weiß auch einiges über dich."

Krawielitzki guckte ungläubig. „Jetzt lässt du die Katze aus dem Sack. Du willst mir drohen. Und ich habe dich über Jahre gut behandelt, dir zugehört, mit dir verhandelt, einiges von dir ferngehalten, was ich nicht hätte tun müssen."

„Ich weiß, dass ich gerade dein ganzes Wohlwollen riskiere, dich gerade erpresse. Aber ich tue es. Du hast einen Dienstwagen. Du hast einen Fahrer. Lass den aber bitte in Ruhe. Er ist nicht meine Quelle. Du benutzt beides seit Jahren für eigene Zwecke. Ich habe mich erkundigt. Du darfst das nicht, die Regeln für Dienstwagen verbieten es. Du machst abends Fahrten in den Landkreis, ohne dass es dort Veranstaltungen gibt, zu denen der Landrat oder der Kreisleiter gehen müsste. Wen besuchst du? Warum? Auch dazu habe ich ein paar Informationen, die deine Vorgesetzten interessieren könnten. Verbrauch von kriegswichtigem Benzin zu verbotenen Zwecken ist in diesen Zeiten ein nicht zu unterschätzendes Vergehen."

„Ich glaube es nicht. Du bist ein mieser kleiner Erpresser, sonst nichts. Ich mache dich fertig, das verspreche ich dir!"

„Wie willst du das tun? Wir werden sowieso deportiert werden. Aber Marion möchte unbedingt bei uns bleiben. Das ist das einzige, was ich für sie tun kann. Ihr Leben habt ihr ohnehin schon gründlich kaputt gemacht und ihr werdet es vollends zerstören. Das kann ich nicht ändern. Aber ich kann bewirken, dass wir zusammenbleiben."

„Du glaubst, du kannst mir wegen ein paar Fahrten mit dem Dienstwagen ans Bein pinkeln. Das ist lächerlich. Ich rufe jetzt die Polizei an."

„Hans, ich denke es gibt auch ein Ziel deiner Fahrten, das deine Frau nicht wissen muss."

Jetzt war Hans Krawielitzki vom Donner gerührt. Das durfte nicht wahr sein. Es war fast nichts, es war lächerlich, eine Tändelei, gut, etwas mehr, aber im Grunde bedeutungslos. Woher wusste Reis das? Und wenn das seine Frau erführe? Sein Vater? Die Öffentlichkeit?

Hermann Reis setzte nach:

„Hans, ich weiß, das ist gerade unendlich übel von mir. Ich verspreche dir, auch wenn meine Versprechen für dich jetzt wohl nichts mehr wert sind: Wenn Marion bei uns bleiben kann, erfährt keiner, was ich zufällig erfahren habe. Ich werde es die nächsten Monate nie wieder erwähnen und dann werden wir weg sein. Du hast auch eine Tochter. Wie viel würdest du für sie tun?"

Krawielitzki schwieg. Dann sagte er: „Hermann, geh jetzt. Ich lasse dir heute Abend Bescheid zukommen."

Hermann Reis verließ das Zimmer, ging vorbei an den noch immer konsternierten Schreibdamen und verließ das Haus.

Krawielitzki setzte sich an den Schreibtisch und griff zum Telefon.

1942 – Eine Tragödie

Vor zehn Tagen hatten sie in der Wohnung zusammengesessen. Es waren nur noch wenige Wochen bis zur Deportation. Marie Luise Hensel argumentierte hartnäckig. Sie wusste, dass auch Hermann Reis den Punkt der Entscheidung erreicht hatte, auch wenn ihm immer noch Gründe einfielen, warum er und Selma und Marion es nicht wagen sollten.

Gerade kam er nochmal mit der Solidarität: „Die anderen müssen dann auf den Transport. Ohne, dass ich Ihnen helfen kann. Sie haben keine Möglichkeit zu fliehen."

„Hermann, du kannst ihnen nicht mehr helfen. Ihr werdet das Heer der Deportierten vergrößern, auch dort, wo immer der Weg hinführt, aber du wirst ein Opfer unter vielen sein. Und Marion und Selma auch. Sie sind deine Familie! Es ist Krieg und die Nazis führen einen weiteren Krieg gegen die Juden! Da muss jeder die Chancen für sich und seine Familie wahrnehmen, wenn es sie gibt. Es hilft niemand, wenn du es nicht machst."

„Warum denkst du, dass du es schaffst, uns dort rüber zu bringen? Viele sind schon gescheitert. Es war schon schwer genug, als wir das Land noch verlassen durften."

„Ich habe eine Freundin in Meersburg. Die hat eine kleine Pension dort. Sie kennt sich aus."

Der Plan war, dass Marie Luise nach Möglichkeiten schauen wollte, Hermann Reis mit Frau und Tochter über die grüne Grenze oder den See in die Schweiz zu bringen. Was sie brauchten, war jemand, der sie dann zum Bodensee fährt – sie würden mit dem Zug bei all den Kontrollen Konstanz niemals erreichen. Aber das würde sich finden lassen, Hermann hatte noch Geld. Das Schwierigste war die Flucht über die Grenze.

Marie Luise war fast enthusiastisch. „Meine Freundin sagt, dort geht immer noch einiges. Natürlich wird die Grenze bewacht, von beiden Seiten, aber es gibt ruhige Stellen und es gibt Leute, die sich auskennen. Ich finde das raus für euch. Ich kann reisen, ich habe die Freundin dort, ich kann immer sagen, dass ich dorthin fahre, weil ich künftig für sie in der Pension arbeite. Da wird nichts passieren."

Marie Luise hatte in die jüdische Wissenschaftlerfamilie Hensel geheiratet. Ihr Mann war 1933 an Herzversagen gestorben, nachdem man ihm den Beruf weggenommen hatte. Sie war der jüdischen Gemeinde tief verbunden, sie war eine enge Freundin der Familie Reis und sie war mutig und tatendurstig.

An diesem Abend redeten sie sich in eine Hoffnung hinein, ein neues Leben, womöglich in den Vereinigten Staaten. Hermanns Bruder war dort schon als Arzt etabliert, er würde helfen können. Mit dieser Aussicht würden die Schweizer, die schon viele Juden an der Grenze in ihr Schicksal zurückgeschickt hatten, den Aufenthalt und die Durchreise dulden – das war zumindest die Erwartung.

„Lieber Wäscherin in Amerika als das hier." Selma hatte immer wieder darauf gedrungen, auszureisen, zu flüchten, auch wenn sie wie Hermann Probleme hatte, die anderen, ihre Eltern und Verwandten, in Deutschland zurück zu lassen. Aber alle Versuche der Ausreise in den Jahren zuvor waren gescheitert oder erst gar nicht konsequent begonnen worden. Marion hatte eine Ausreisemöglichkeit für Kinder nach Kuba nicht ergriffen, weil sie nicht von ihren Eltern getrennt werden wollte. Diesmal sollte es anders sein als bei allen Versuchen zuvor.

Zehn Tage später war alles zerstört. Hermann, Selma und Marion saßen in einem Polizeitransporter auf dem Weg in das Polizeigefängnis Kassel. Marie Luise war tot. Sie wussten noch nichts Genaues, aber offenbar hatte sie einer Gastwirtin auf der Halbinsel Höri vertraut, die sie umgehend verraten hatte. Nach mehreren Tagen Verhör hatte Marie Luise sich in ihrer Zelle erhängt. Ihre Freundin war letztlich freigelassen worden, nachdem sie alles kategorisch abgestritten hatte und auch im Verhör nicht eingeknickt war.

Das war seine Schuld, er hätte es nicht zulassen dürfen. Reis war verzweifelt. Marie Luise hatte ihnen ihr Leben geopfert. „Hermann, sie war eine wunderbare Frau. Aber es war ihre Entscheidung. Du hast es nicht von ihr verlangt, im Gegenteil." Selma versuchte, ihn ein wenig aufzurichten. Aber auch sie zitterte. Der Traum war für immer verflogen. Und jeder der drei hatte eine ganz persönliche Vorstellung von dem Grauen, das sich ihnen näherte, aber keiner sprach darüber.

1942 – Eine Fahrt aufs Land

Reis saß im Zugabteil im Marburger Bahnhof und wartete auf die Abfahrt. Es würde seine letzte Dienstreise sein. Eine Familie in der Nähe seines Heimatortes brauchte seine Hilfe beim Verkauf ihres Grundstücks. Vermutlich würde er seine alte Heimat für lange Zeit das letzte Mal sehen. Es war August, das Wetter war schön, er war fast guter Laune. Die Abwesenheit kam ihm vor wie eine Erholung von der Spannung zu Hause. Selma und Marion waren zunehmend verzweifelt, unwirsch, launisch – und Selma machte ihn für alles verantwortlich. Alle Türen waren zugeschlagen nach dem desaströsen Fluchtversuch. Alle drei waren sie für eine Reihe von Tagen im Gefängnis in Kassel inhaftiert gewesen. Selma, die mit vielem gerechnet hatte, die die Dinge sonst viel klarer als ihr Mann sah, war von diesem Ereignis völlig verstört. Sie, die bürgerliche, manchmal hochnäsige Selma, fand sich in den kahlen Mauern des Kasseler Polizeigefängnisses mit Diebinnen, Betrügerinnen und gar einer Mörderin wieder, in einer Zelle! Hermann Reis war als erster wieder „draußen“, Selma und Marion wurden Tage später entlassen. In Selma war etwas gebrochen, sie war anders geworden. Und sie war anstrengend, fordernd, und gleichzeitig abgewandt.

Der Zug sollte jetzt wirklich losfahren, da ging die Tür noch einmal auf, eine Frau stieg zu. Anna! „Was machst du hier?“ fragte er etwas hilflos. Anna sah wie immer glänzend aus, jung, lebhaft, lachte ihn an. Sie trag ein luftiges kurzärmeliges Sommerkleid mit Blümchen darauf. „Ich fahre mit dir, du hast es vorgestern erzählt und da dachte ich, ich komme mit.“ Anna, die mit ihrem Mann vor einiger Zeit nach Marburg gekommen war, nachdem sie in Hamburg von der Gestapo beschuldigt worden waren, dem Feind zu dienen. Anna, die Belesene, die Musikfreundin, die unermüdliche Diskutiererin. Anna, die Hermanns kürzlich begonnenes Romanmanuskript gelesen hatte, ihn ermutigt hatte, seine Gedichte las, die sonst niemanden interessierten. Anna, die unkomplizierte. Sie und ihr Mann, beide „Arier“, waren in Marburg schnell in die noch verbliebenen jüdisch-akademischen Zirkel aufgenommen worden, sie waren Gegner der Nazis, manchmal extrem unvorsichtig in ihren Worten.

Hermann Reis durchlief ein wohliger Schauer. Annas patente, interessierte Gesellschaft war ein wunderbarer Kontrast zu all dem Elend, das sich ankündigte oder ihn schon bedrängte.

Sie saßen allein im Abteil, unterhielten sich und unvermittelt fragte Anna: „Warum seid ihr nicht viel früher ins Ausland gegangen? Ich weiß, es war immer schwierig, aber vor Jahren hättet ihr das schon irgendwie hingekriegt.“

„Wir haben es ja mehrfach versucht. Aber ich hatte doch diese Verantwortung hier. Ich habe immer gesagt, solange noch ein Jude in Marburg lebt …“

Anna unterbrach ihn: „Damit hast du deine eigene Familie all dem ausgeliefert, was passiert ist: Umzüge,

Rausschmiss aus der Schule, der Stern, die täglichen Demütigungen."

„Wem sagst du das. Selma sagt mir das auch immer wieder und ihr habt ja Recht."

„Weißt du, warum du in Wirklichkeit noch hier bist? Weil du Angst hattest. Hier hast du alles gekannt, die Leute, die Sprache, und auch die Gesetze, auch wenn du nicht mehr Anwalt warst. Du hattest Angst vor dem Unbekannten. Lieber das bekannte Elend als die Unsicherheit des neuen Lebens. Ich wette, du hattest in Latein eine gute Note und eine miserable in Englisch."

Am Zielort verabredete er sich mit ihr auf zwei Stunden später an einer Scheune außerhalb des Dorfes auf einer Anhöhe und ging dann zu seinem Mandanten.

Als er später den Weg hochschritt, sah er sie schon von weitem im Gras sitzen. Sie sprang auf und beide gingen in der Sonne den Feldweg entlang. Es summte um sie herum, die Feldränder waren mit Blumen übersät, der Himmel war blau. Sie redeten über das Wetter, die Landschaft, die Blumen. Fast zu schön, um wahr zu sein.

Sie sprachen auch über die letzten Treffen in der Reis'schen Wohnung in der Schwanallee, im Haus des früheren Schülerheims, die viel kleiner und spartanischer als die vorherige war, aber immer noch so etwas wie ein kleiner gesellschaftlicher Mittelpunkt, auch für Anna und ihren Mann.

„Ich denke, dass es eigentlich für euch gefährlich werden kann, weiter so offen mit uns zu verkehren" sagte Reis.

„Übrigens ist Selma eifersüchtig. Sie denkt, du willst mich verführen.“ Eigentlich wollte er das nicht offenbaren, aber jetzt hatte er es doch gesagt.

„So, will ich das?“ fragte Anna schnippisch. Sie plauderten weiter. Der Feldweg war enger geworden, ging in ein kleines Buchenwäldchen über. Anna ging zwei Schritte vor, drehte sich um.

Hermann ahnte, was kam. Er ersehnte dies, und er fürchtete es zutiefst. Sie lächelte, ging einen Schritt auf ihn zu. Sie lächelte immer noch, kam noch näher, durch ihr leichtes Sommerkleid spürte er sie.

Als sie später wieder aus dem Wäldchen heraustraten, nahm sie seine Hand und sie gingen den Feldweg zurück.

Zwei Stunden später saßen sie im Zug nach Marburg. Dort traf es ihn wie ein Schlag in die Magengrube. Ein Ring aus Eisen legte sich um seine Brust. Was hatte er getan! Was für ein Verrat an Selma, an der verzweifelten, an deren Unglück er ohnehin schon mitschuldig war.

Anna sah weiter verträumt und zufrieden aus: „Ich bin froh, dass wir das getan haben. Ich wollte es vom ersten Tag an. Kaum ein Mann hat mich jemals so respektiert und akzeptiert wie du.“

Sie kamen am Bahnhof Marburg an und stiegen aus. Auf dem Bahnsteig stand Selma. Sie hatte ihn schon Jahre nicht mehr am Bahnhof abgeholt. Reis wurde es noch flauer im Magen.

Selma sah sie zusammen aus dem gleichen Abteil kommen. Sie begriff sofort. Sie ging auf Hermann zu und fast war es, als würde sie ausspucken: „Wenn wir noch Zeit hätten, würde ich mich scheiden lassen.“

Sie drehte sich um und ging mit schnellen Schritten den Bahnsteig entlang zur Treppe.

1942 – Kunst, Schuld und anderes

Reis baut die zwei Lenz-Gemälde auf zwei Stühlen auf. Eine junge Bäuerin in Tracht, herb, aber ausdrucksvoll mit geradem Blick, etwas zu großer Nase, hartem Kinn, und doch anziehend, den Betrachter direkt anschauend. Das andere Bild eine Szene auf dem Feld, zusammengebundene Ähren, am Rand des Felds Kornblumen und roter Mohn, die Bauern beim Zusammenrechen, Bündeln, Aufladen auf einen Holzkarren, der von zwei Ochsen gezogen wurde – ein Bild aus vergangenen Zeiten, mit allen genreüblichen Zutaten, und doch wieder einzig in der Wirkung. Auf dem Bild ist Erntezeit, die Sonne scheint, aber auf dem Bildhorizont zeigen sich dunkle Wolken und die Hektik der arbeitenden Bauern ist spürbar.

Krawielitzki ist beeindruckt. „Wunderbar. Tolle Bilder!“ Im Geiste sucht er schon freie Stellen in seiner Wohnung, von denen es nicht mehr viele gibt, denn seine Sammlung lokaler Kunst, Ölbilder, Holzschnitte, Zeichnungen hatte sich schon auf allen Wänden in der Wohnung ausgebreitet.

Es ist Abend. Krawielitzki hatte sich gewundert, als Reis ihn bat, abends bei ihm zuhause am Adolf-Hitler-Platz vorbeikommen zu dürfen. Nach dem, was neulich vorgefallen war! Aber hier bei ihm zuhause ist in Ordnung. Es ist Krawielitzki nicht unlieb, wenn nicht zu viele mitbekommen, dass er sich mit Reis trifft.

Jetzt sprechen beide leise, die zwei Jahre alte Tochter der Krawielitzkis schläft im Nebenraum.

„Du weißt, der letzte Transport geht in ein paar Tagen. Ich habe mich gefragt, ob du Lust hast, die Bilder zu kaufen.“

Krawielitzki kämpft mit sich. Natürlich hat er sofort gewusst, was Reis wollte, als der die Bilder aus dem Packpapier nahm. Das sind schönere Bilder von Lenz, als er sie hier an der Wand hängen hat, wohl eine einmalige Gelegenheit. Er will Ja sagen. Aber er muss vorsichtig sein. Er will nicht, dass irgendjemand sagt, die hat er dem Reis noch kurz vor dem Transport für einen „Appel und ein Ei“ abgenommen. Krawielitzki verachtet die Leute, die von der „Arisierung“ und den Transporten profitierten, gierige Kleinbürger, die vor nichts zurückschrecken, die die Lage der anderen Seite schamlos ausnutzen. Das ist nicht seine Sache. So was tut man nicht. Er ist Christ, Mitglied der Kirche, Bürger und Amtsperson. Er denkt daran, wie sie ihm vor zwei Jahren erzählt hatten, dass die Familie Reis ihre schöne Wohnung verlassen musste. Auch damals wurde ihm zugeflüstert, dass das doch eine gute Wohnung für ihn wäre. Das hat er rundweg abgelehnt. Und wenn er jetzt diese Bilder kauft, glaubt ihm später keiner mehr, dass er einen fairen Preis bezahlt hat.

Deshalb sagt er, wenn auch mit Mühe: „Danke. Ich schätze es, dass du damit zu mir kommst. Aber ich kann nicht. Alle würden sagen, dass ich vom Transport persönlich profitiere. Das will ich nicht. Wir waren gute Partner, wir konnten vieles regeln. Ich spreche nicht über unser letztes Treffen. Aber ich möchte unsere Arbeit nicht in ein schlechtes Licht rücken.“

„Schade. Es würde uns helfen." Und nach kurzer Pause: „Ja, wir haben gut zusammengearbeitet. Und ich weiß, dass es auf dich zurückgeht, dass ich 1938 nicht nach Buchenwald musste wie alle anderen Männer. Dafür bin ich dir auch dankbar. Als ihr später die jüdischen Männer auf die Straße zum Arbeiten geschickt habt, war ich wieder nicht dabei. Aber weißt du was? Alle anderen mussten diese Dinge tun, die ich nicht machen musste. Und keiner von ihnen darf mehr richtig arbeiten, keiner hat mehr sein Geschäft. Keiner hat mehr genügend Geld. Wir tragen den gelben Stern. Ich könnte endlos weitermachen, aber du weißt ja alles. Und daran, dass es so ist, daran hast du nichts geändert."

„Du weißt, dass ich vielen geholfen habe, auch Juden. Und wenn wir hier über Bilder reden: Ich habe weiter Kunst gekauft, z.B. von Hanusch, mir sogar ein Portrait von ihm malen lassen, als viele schon nicht mal mehr mit Leuten wie ihm sprachen und er Arbeitsverbot hatte und nichts verkaufen durfte. Ich habe immer mit dir geredet. Ich habe mich wegen einzelnen Leuten mit der Gestapo und der SS angelegt. Frag deinen Bekannten Eugen Siebecke! Das war nicht ungefährlich!"

„Das hast du gemacht, Hans, ich stelle das nicht in Frage. Du hast dich oft anständig verhalten."

„Was heißt oft? Was willst du damit sagen?" Jetzt ist Krawielitzki doch lauter geworden, als er wollte.

„Hans, ich weiß, du hast es mir auch 1938 gesagt, dass du in Kirchhain gegen die Plünderungen und Zerstörungen in der Novembernacht hart eingeschritten bist. Aber am nächsten Tag sind alle jüdischen Männer in ein KZ gekommen und erst nach vielen Wochen wieder frei gelassen worden. Ihr habt euch nicht gescheut, dies „Schutzhaft" zu nennen. Schutz gegen den von euch selbst angestachelten Pöbel? Einer ist gestorben in dieser Schutzhaft, nicht an Altersschwäche. Das hat deine Partei angerichtet, die du mit aufgebaut hast, euer Staat, zu dem wir offenbar nicht mehr gehören."

„Du weißt, dass ich nichts davon angeordnet habe. Ich hatte damit nichts zu tun."

„Du hast auch jetzt nichts damit zu tun. Nächste Woche ist der letzte Transport. Wenn wir weg sind, ist Marburg ‚judenfrei'. Ich kenne die Listen, ich soll die Bescheide selbst verteilen. Ihr seid dann unter euch. Herzlichen Glückwunsch. Buchenwald war eine Episode, alle durften nach ein paar Wochen zurück. Aber jetzt kommt keiner zurück. Umsiedlung nennt ihr das vornehm. Wir werden vertrieben. Und wir wissen fast nichts darüber, was uns erwartet."

„Ihr konntet doch Wohnrechte erwerben!"

„Die die jämmerliche Reichsvereinigung der Juden in Deutschland verkauft. Die wissen doch gar nicht, ob das wirklich stimmt. Ich selber habe für sie diese Wohnrechte vermittelt und was ist, wenn ich dabei nur das Werkzeug eines Schwindels war? Dann habe ich meine Mitbürger hereingelegt. Nichts von dem, was gesagt wurde, hatte Bestand, immer wurde es kurze Zeit später schlimmer. Übrigens auch alles, was wir vereinbart haben. Nichts hat lang gehalten!“

„Hermann, das war nicht meine Schuld. Das war nicht meine Kompetenz! Ich wollte immer, dass alles geordnet, anständig abläuft.“

„Ja, vielleicht anständig abläuft, aber eben doch passiert! Was ändert das schon am Ergebnis!“

„Hermann, das ist nicht in Ordnung, so zu reden. Ich bin nicht für die große Politik verantwortlich!“

„Doch, das bist du. Du hast diese Partei in Marburg aufgebaut. Du hast schon damals die Schläger von der Leine gelassen, die ihr heute ‚Alte Kämpfer‘ nennt. Ihr habt das alle getragen, vom Blockwart bis zum Gauleiter, alle von euch, die ich kenne. Und die heute, wenn es keiner sieht, mir zuraunen, das haben wir so nicht gewollt! Doch, ihr habt das gewollt! Alles! Heil Hitler!“

„Hermann, …“

Der fährt ihm dazwischen. Er flüstert laut, da sie beide immer noch irgendwie versuchen, leise zu sein: „Weißt du was? 1935 hast du auf dem Marktplatz eine Rede gehalten. Ich war dabei, in den hinteren Reihen. So was ging damals noch. Vielleicht haben sich ein paar gewundert, dass ich da stand, aber keiner hat mich weggeschickt. Und deine Worte habe ich bis heute im Ohr: Du hast über die neue Parteizentrale geredet, dass ihr die Straße davor in Otto-Böckel-Straße umbenannt habt, einem der übelsten Antisemiten überhaupt. Und dann kam der Satz von dir, den ich nie vergessen werde: ‚Es soll jedem Volksgenossen täglich ins Gedächtnis gerufen werden, dass der Kampf gegen das Judentum niemals einschlafen darf.‘ Ich habe diesen Satz gehört und nie vergessen. Und genau so hat ihn die Oberhess am nächsten Tag zitiert!“

„Hermann, das ‚Judentum‘ meint eine Einstellung, zum Beispiel Geschäfte machen anstatt an das Wohl des Volkes …“

„Hans, hör auf, solltest du es so gemeint haben, hat es keiner so verstanden. Aber du hast es nicht so gemeint, keiner von euch meint es so. Ihr wollt uns vertreiben, ausbürgern, ‚ausmerzen‘. Und du kennst die Gerüchte, was ihr mit den Juden in den besetzten Gebieten macht.“

„Wie du richtig sagst, Gerüchte. Ohne jede Grundlage.“

„Auf jeden Fall ist das Ziel erreicht. In zwei Wochen sind wir weg. Ihr könnt uns aus dem Gedächtnis streichen. Nur das eine oder andere billig erworbene Möbelstück oder Silberbesteck wird den anständigen deutschen Volksgenossen daran erinnern, dass es uns mal gegeben hat.“

Im Nebenzimmer wimmert das Kind. „Tut mir leid, dass wir sie geweckt haben. Das ist schlimm. Kein Vergleich mit meiner Tochter Marion, die ist nur von der Schule geflogen, muss jetzt irgendwelche Hilfsarbeiten gegen miesen Lohn verrichten, aber demnächst müsst ihr sie auch nicht mehr sehen. Sie ist ja dann dabei auf dem letzten Transport. Aber wir haben deine Tochter im Schlaf gestört. Das ist schlimm."

„Hermann, auch wenn du verbittert bist, gibt es keinen Grund zum Zynismus. Und lass meine Tochter außen vor."

„So, ich soll sie außen vorlassen? Könntet ihr dann bitte auch Marion außen vorlassen? Hans, weißt du, was das Schlimmste ist: Ich wollte meinen Mitbürgern helfen. Ich dachte, der gewiefte Anwalt Reis kann etwas erreichen. Als ich das Synagogengelände für die jüdische Gemeinde verkauft habe, dachte ich, ich mache das Beste aus einer schrecklichen Situation. Was ich all die Jahre nicht gesehen habe: Ich habe in Wahrheit nur euer Drecksgeschäft vereinfacht, erleichtert, es mitgetragen. Und jetzt bin ich so weit, dass ich die Bescheide für den Transport verteile. Weißt du, wie man das nennt? Verrat. Ich bin ein Verräter, ein Kollaborateur!"

„Hermann, das ist doch Quatsch, hör auf damit."

„Ich fürchte, es ist kein Quatsch." Er wickelt die Bilder wieder ins Papier und nimmt sie unter den linken Arm, damit er die rechte Hand frei hat, die er Krawielitzki entgegenhält. „Leb wohl, Hans, wir werden uns nicht mehr wiedersehen."

Krawielitzki, der die Hand entgegennimmt, will erwidern, dass das doch völlig offen sei, doch dann schweigt er.

Auch er denkt, dass dies wohl das letzte Treffen war.

1942 – Deportation

„Frau Jahnow sitzt bei uns!“ Mit dieser fröhlichen Ankündigung, ihre ehemalige Lehrerin am Arm, verschaffte Marion Reis allen Umstehenden einen Hauch der Atmosphäre eines Schulausflugs und die düsteren Gesichter am Bahnsteig hellten sich für einen Moment auf.

Der Vorabend war lang geworden, eine Reihe Besucher hatten die Familie Reis besucht. Ehrlich Betroffene mit großem Abschiedsschmerz, andere mit schlechtem Gewissen, das sie wenigstens mit diesem Besuch etwas mildern wollten, und dann noch ein paar, die selbstlos ihre Hilfe bei der Aufbewahrung von Bildern, Möbeln, Wäsche, Besteck und Geschirr anboten. Reis verteilte großzügig, alle Beteiligten ahnten, manche hofften, dass die Besitzübergabe wohl für immer gelten würde. Selma kam in das Zimmer, als Hermann gerade das Silberbesteck in einem Karton verpackt überreichte und sie konnte sich den Ruf nicht verkneifen: „Du gibst doch nicht das Silberbesteck weg!“ Doch, macht er. Später am Abend war Selma noch immer wütend deswegen: „Ich hätte alles verbogen und verkratzt und auf die Straße geworfen. Vielleicht hätten dann wenigstens noch ein paar nachgedacht!“

Als sie im Zug nach Kassel saßen, sprachen Reis und Hedwig Jahnow über die gemeinsame Freundin Marie Luise Hensel. Die hatte vor der Fahrt nach Konstanz noch versucht - wieder völlig furchtlos - Frau Jahnow im Zuchthaus Ziegenhain zu besuchen, aber vergeblich.

Frau Jahnow machte Reis keine Vorwürfe wegen des Todes der Freundin, aber der fühlte sich ohnehin miserabel.

Er fragte: „Wer hat Sie eigentlich verraten?“ Hermann wusste, dass Frau Jahnow wegen Hörens von Feindsendern verurteilt worden war, 5 Jahre Zuchthaus, auch ihre langjährige Mitbewohnerin musste ins Gefängnis und war vor wenigen Wochen gestorben. Hedwig Jahnows Gesicht verdüsterte sich: „Die Studentin, die bei uns gewohnt hat. Sie und ihre Kameradinnen. Sie hätten meine Schülerinnen sein können. Aber jetzt ist es unwichtig. Auch ohne das würde ich mit Ihnen hier sitzen.“ Marion hatte immer erzählt, dass Frau Jahnow, die stellvertretende Schulleiterin der Elisabethschule, streng, aber auch sehr lustig sein konnte und Reis wusste, wie belesen und gebildet sie war, dass sie Bücher und Gedichte schrieb. Und sie waren beide gemeinsam bei der DDP gewesen, Hedwig Jahnow sogar als umtriebige Stadtverordnete.

„Ich wusste lange nicht, dass Sie Jüdin sind.“ Frau Jahnow lächelte: „Das sollte auch keiner wissen. Aber es ist natürlich herausgekommen.“

Im übrigen Zug war es fast überall still. An fast jedem Bahnhof warteten weitere kleine Gruppen von Frauen, Männern und Kindern. Polizei sorgte dafür, dass auch wirklich alle den Zug bestiegen. Einige weinten.

In Kassel war die Fahrt für diesen Tag zu Ende, zur Registrierung und für sonstige Formalitäten sollten sie in die Stadt gebracht werden.

Der die Marburger Gruppe begleitende Polizist ging auf dem Bahnhof Kassel auf Hermann Reis zu: „Herr Doktor Reis, ich muss mich hier verabschieden. Ich wünsche Ihnen und Ihrer Familie alles Gute!“ Er reichte ihm die Hand und auch Reis wünschte dem Mann alles Gute.

Mit solchem Anstand und Respekt sollte dann schnell Schluss sein. Die nächsten Stunden in Kassel würden die Niedertracht und Verkommenheit des Handelns der kleinen und größeren Ausführenden des nationalsozialistischen Staates eindrücklich unter Beweis stellen. Da noch viel Übles im Weiteren zu berichten ist, lassen wir die Vorgänge in Kassel an dieser Stelle auf sich beruhen.

1942 – Der Landrat berichtet der Gestapo

... daß sich die Judenevakuierung hier reibungslos vollzogen hat und irgendwelche Schwierigkeiten nicht aufgetreten sind. Sämtliche in dem übersandten Verzeichnis aufgeführten Juden sind zu der angegebenen Zeit nach dort überstellt worden.

1942 – Theresienstadt

„Du bist doch ein guter Verwalter, ein guter Organisator, Du hast große Erfahrung – und du bist viel seriöser als ich!“ Leo Plaut sprach mit leuchtenden Augen auf Hermann Reis ein. Er kam aus Marburg, war Anwalt in Berlin gewesen, hatte Hermann Reis, Selma und Marion auf einer Liste entdeckt und versuchte, ihn für die Selbstverwaltung von Theresienstadt zu gewinnen, in der er selbst einige Funktionen innehatte. Er hatte eine Weile gebraucht, bis er den ehemaligen Anwaltskollegen fand, aber jetzt stand er vor ihm. Hermann Reis freute sich, ihn zu sehen, aber er wehrte ab:

„Leo, ich bin jetzt einige Wochen hier. Das ist keine Siedlung, kein Gemeinwesen. Das ist ein gesetzloses Gefängnis. Alle haben Hunger, täglich sterben Leute oder werden weggeholt, kommen nie wieder! Wir arbeiten nicht frei für unseren Lebensunterhalt, wir werden zu irgendwelchen Tätigkeiten gezwungen, das ist Zwangsarbeit. Wir dürfen nicht raus, wir dürfen nichts Falsches sagen. Wir werden von primitiven Menschen getreten und herumkommandiert, wie es denen passt. Wir schlafen auf dem Boden, oder zu zweit auf jämmerlichen Pritschen. Alles ist überfüllt, wir sind zusammengepfercht. Ich wusste spätestens auf dem Transport: es wird nicht gut enden. Aber es ist noch viel übler. Und du sprichst von Selbstverwaltung.“

„Hör dir mal zu, Hermann. Du redest wie ein Professor des Staatsrechts! Du bist hier nicht in der Republik der

Freien und Gleichen, nicht auf der Rednerbühne, nicht im Gericht. Du bist hier im Vorhof der Hölle. Aber wir können versuchen, diesen Ort etwas erträglicher zu machen – und unsere eigene Situation verbessern.“

Hermann wehrte ab: „Leo, fast zehn Jahre habe ich gedacht, wenn ich mich einsetze, wenn ich vermittle, wenn ich versuche, Dinge abzumildern, wenn ich einzelnen helfe, dann ist das richtig und gut. Und wo sind jetzt alle? Wo sind Selma, Marion und ich? Wo bist du? Es hat niemand etwas genutzt. Ich habe den Nazis nur geholfen. Ich habe mir die Finger dreckig gemacht. Das wäre nicht schlimm, wenn ich was erreicht hätte. Auch als Anwalt hatte ich nicht nur einen Heiligenschein. Aber da habe ich immerhin für meine Mandanten etwas hinbekommen. Ihr erreicht hier nichts, nehmt den Nazis nur die Arbeit der Verwaltung ab.“

„Hermann, du karrst Müll durch Theresienstadt, mit einem Dreckshandkarren! Du, ein Anwalt, gebildet, angesehen, ein wichtiger Mann!“

„Angesehen? Leo! Als wir in Marburg zum Bahnhof gingen, da bewegten sich die Vorhänge, aber da war niemand, der den angesehenen Bürgern, der Lehrerin, dem Anwalt, dem Kaufmann und den vielen anderen auch nur einen Abschiedsgruß zuwarf. Der einzige, der draußen auf der Straße stand, war Hermann Bauer, der, der früher die Zeitung hatte. Und er hat auch nichts gesagt. Aber er hatte keine Angst. Ich glaube, er konnte nichts sagen, nicht mal winken. Ihm stand das Entsetzen und die Trauer im Gesicht. Wenn ich mir noch irgendwelche Illusionen gemacht hätte, dann waren sie weggewischt beim Anblick der Hilflosigkeit von Hermann Bauer. Soviel zu Ansehen, Wichtigkeit." Hermann hatte sich in Rage geredet. „Der Anwalt Dr. Reis ist tot. Die gebildete, schöne, kluge Selma Reis ist tot. Marion ist tot, du auch. Keiner in Marburg oder deinem Berlin redet mehr von uns, jetzt nicht und nie mehr."

Leo ging darauf nicht ein. „Hermann, du hättest es in der Selbstverwaltung etwas schöner als mit dem Dreckskarren draußen. Es geht vielleicht nicht mal darum, dass wir was erreichen. Aber es gibt durchaus den einen oder anderen Vorteil manchmal, beim Essen zum Beispiel, auch Kleidung lässt sich organisieren. Ich habe neulich einer hübschen jungen Frau helfen können, die war sehr, sehr dankbar!" Leo zwinkerte verschwörerisch.

„Auch hier bist du Leo Plaut, der Schlawiner, der Schürzenjäger und bist auch noch stolz drauf! Von wem kommt die Kleidung? Von einem Erschossenen? Oder einem Verhungerten? Leo, glaubst du wirklich, dass du hier irgendwas für deine Arbeit kaufen kannst, wenn es ernst wird? Wenn sie die nächste Transportliste nach Auschwitz zusammenstellen?"

„Die in der Selbstverwaltung kommen nicht auf die Listen, jedenfalls nicht so schnell!"

„Warum haben alle Angst vor Auschwitz? Was kann schlimmer sein, als das hier? Gibt es dort keine Konzerte für die Verhungernden?" Hermann war am Abend vorher bei einem Konzert gewesen, ein Violinquartett aus tschechischen und deutschen jüdischen Musikern hatte wunderschöne Stücke von Mendelssohn gespielt. Er hatte auch schon von Dichterlesungen gehört, verrückte Veranstaltungen in diesem Elendsgefängnis, über die er sich wunderte, dass es sie gab.

„Der immer freundliche, immer höfliche Herr Reis wird sarkastisch! Nur zu, Hermann, diese Haltung kann hier nur hilfreich sein. Auschwitz, ich weiß nicht mal, wo es liegt. Wir wissen nicht genau, wie es dort ist. Aber es scheint dort schlimmer zu sein. Vielleicht noch mehr Arbeit, schlechte Arbeitsbedingungen oder so." Es gab schreckliche Gerüchte, aber die wollte Leo Plaut nicht verbreiten. „Ich muss gleich gehen, dahinten der Wachmann guckt schon eine Weile. Überleg es dir, du weißt, wo du mich findest."

„Leo, ich schiebe weiter meinen Müllkarren. Weißt du, dass viele gerade die Fischkonserven wegwerfen, die vom dänischen Roten Kreuz? Sie können sie nicht mehr essen, es wird ihnen übel, wenn sie drei an einem Tag heruntergeschlungen haben. Sie kotzen, wenn sie nur die Dosen sehen. Aber ich sammle sie. Vielleicht freuen wir uns bald, dass wir wenigstens die noch haben. Ich habe ein Versteck dafür. Wenn du mal Lust auf leckeren Fisch hast, melde dich!"

Leo und er lachten. Hermann wusste nicht mehr, wann er zuletzt gelacht hatte.

1943 – Swing und Stadtverschönerung

Reis mochte die Musik nicht. Er war mit seinem Müllkarren vor dem Café stehen geblieben, eine dieser seltsamen Einrichtungen, für die trotz der erdrückenden Enge in den Häusern und Straßen noch Platz war. Reis war dort noch nie drin gewesen. Er wusste, dass es Gutscheine für das Café gab, einmal im Monat, für eine Tasse Kaffee. Aber der hätte seinen angegriffenen Magen sicher auf Tage hinaus in Aufruhr gebracht. Heute Nachmittag spielte eine Band in dem Café und Hermann Reis sah von außen hinein. Die Musik war ihm fremd, mit so etwas kannte er sich nicht aus. Auf jeden Fall war sie hektisch, schnell, nervös, die Bläser schrill. „Zigeunermusik" sagte ein Passant zu seinem Begleiter. „Niggerjazz" antwortete der. Für Reis passte die Musik zur Enge, zu den immer überfüllten Straßen, Gängen, Häusern, und das vergrößerte sein Unbehagen. Er guckte trotz seiner Abneigung noch eine Weile durch das offene Fenster. Der Schlagzeuger war blutjung, sah gesund aus, keine eingefallenen Wangen – er konnte noch nicht lange in Theresienstadt sein.

Reis dachte an Marion, die mit Selma in einem anderen Teil des Lagers war. Wenn sie zuhause in Marburg wären, hätte sie da womöglich schon einen Freund, so wie diesen gutaussehenden Schlagzeuger? Sie war jetzt 18 Jahre alt. Reis spürte die Wut, die in ihm hochstieg, wenn er an seine früher so fröhliche Tochter dachte. Wahrscheinlich hätte er ihr die Hölle heiß gemacht, wenn sie mit so einem Jungen durch Marburg gelaufen wäre. Und jetzt sehnte er sich danach, dass es genau so wäre, dass sie mit diesem jungen Musiker durch Marburg laufen könnte, Hand in Hand.

Reis wurde aus seinen Tagträumen gerissen, als ihn zwei Männer zur Seite schoben, die anfingen, an dem Haus ein Gerüst aufzubauen. Auf ihrem Karren lagen neben anderen Utensilien Pinsel und Farben. Reis war erstaunt. Farbeimer hatte er in Theresienstadt noch nie gesehen. Auf einmal hörte er hinter sich die Stimme von Leo Plaut: „Wir verschönern jetzt die Stadt! Komm mit in unser Büro, wir haben gerade Kuchen da, ich weiß nicht woher, aber er scheint ziemlich frisch zu sein." Reis ging mit ihm zu dem nicht weit entfernten Gebäude mit den Räumen der Selbstverwaltung. Er freute sich, Leo zu sehen, immer fröhlich, aufmunternd, als ob er in Berlin zwischen zwei Gerichtsterminen mal kurz einen Bekannten auf der Straße treffen würde.

Der Kuchen war vorzüglich. Reis dachte lieber nicht nach, wo der herkam und dass Marion und Selma so etwas sicher schon lang nicht mehr gegessen hatten. „Was hast du da gesagt, Stadtverschönerung?" Da mischte sich von hinten ein schwerer Mann mit Brille und trotz seiner Fülle gut sitzendem Anzug ein. „Wir kriegen Besuch! Das Internationale Rote Kreuz schaut, ob es uns gut geht!" Hermann guckte erstaunt auf den, der da so freigiebig mit Informationen war. Leo stellte ihn beflissen vor. „Hermann, das ist Benjamin Murmelstein, der zweite Stellvertreter des Judenältesten. Er kommt aus Wien." Reis wusste sofort, wen er vor sich hatte. Murmelstein, dessen Name in Theresienstadt mit Abneigung, mit Bewunderung, mit Hoffnung oder blankem Abscheu genannt wurde. Angeblich vollkommen furchtlos gegenüber den Nationalsozialisten und ihren Helfern, aber gegenüber Bewohnern auch kalt, herrisch, arrogant, soweit sie nicht schöne Frauen waren. Das war sein Ruf, und der Ruf passte zumindest zum Aussehen des Mannes, den Hermann Reis vor sich sah.

„Wir werden ihnen zeigen, wie schön es hier ist, dass es uns allen gut geht und sie beruhigt nach Hause fahren können."

Reis war wie vor den Kopf gestoßen. „Sind Sie verrückt? Das ist doch unsere Chance! Wir sagen ihnen, dass wir verhungern, an Krankheiten sterben ohne jede Hilfe, dass Menschen täglich fast ohne Anlass getötet werden, dass sie weiter transportiert werden an Orte, die noch schlimmer sein sollen. Wir sagen es ihnen, wir zeigen es ihnen, wir müssen es geschickt anstellen, dass die Bewacher es nicht verhindern können. Dann weiß die Welt, was gerade hier passiert! Sie werden Druck machen! Nicht einmal im Krieg kann Deutschland so mit seinen Bürgern umgehen, wenn die Welt das weiß!" Hermann Reis redete immer schneller, immer mehr, das ganze Elend, der Hunger, der Dreck, die Lügen, alles konnte jetzt vielleicht ein Ende finden ….

„Sie begreifen nichts, gar nichts!" brüllte Murmelstein. „Wir werden nichts dergleichen machen. Wenn wir das tun, dann Gnade uns Gott, wenn die Delegation gegangen ist. Als erstes werden die erschossen, die solche Dinge gesagt haben. Dann werden es alle anderen hier büßen, egal ob sie am Leben bleiben oder nicht. Und dann wird Theresienstadt zugemacht, platt gewalzt und wir alle kommen nach Auschwitz oder sonst wohin." Er näherte sich dem Gesicht von Reis bis in bedrohliche Nähe: „Und du, du sagst auch nichts dergleichen. Wenn ich dich am Besuchstag auf dem Platz sehe, zerre ich dich persönlich weg von den Delegierten."

Reis hielt dem näherkommenden Gesicht stand und wich nicht einen Millimeter zurück. Er war wütend. Er fragte direkt in das vor ihm schwebende leicht schlabbrige Antlitz: „Eine Frage habe ich, Herr Murmelstein. Was ist in Auschwitz los? Warum haben alle Angst? Was kann schlimmer sein als hier?"

„Selbst wenn ich es wüsste, würde ich es Ihnen nicht sagen." Murmelstein drehte sich abrupt um und ging aus dem Raum.

„Hermann," beschwichtigte Leo, „er hat schon ganz viel erreicht. Ohne ihn wäre es schlimmer hier. Das musst du wissen, bevor du womöglich schlecht über ihn denkst. Wir werden übrigens viel anstreichen und verschönern und dann drehen wir vielleicht noch einen Film: ‚Der Führer schenkt den Juden eine Stadt'."

Hermann Reis stand auf und verließ den Raum grußlos. Sogar sein angebissenes Stück Kuchen ließ er liegen. Er nahm seinen Müllkarren. Den nächsten Mülleimer an der Straße leerte er nicht, sondern stieß ihn um. Leider fiel kaum was raus. Nicht mal Abfall gab es genug in Theresienstadt. Die Leichenfahrer dagegen kamen mit ihren Karren kaum nach, sie fuhren Tag und Nacht. Da waren die Exekutierten und im Verhör gestorbenen aus der „Burg“ noch nicht mal dabei.

1943 – Momente des Lichts

Die Sonne schien, ein Sommerabend. Selma und Hermann gingen auf der „Bastei“ spazieren wie viele andere, ein kürzlich freigegebener Parkstreifen, der einen Hauch von Natur, ja Freiheit vermittelte. Selma hatte sich bei Hermann untergehakt, beide sahen aus wie ein bürgerliches Ehepaar auf dem Abendspaziergang und das waren sie ja auch, wenn man von der leichten Schäbigkeit der Kleider und den etwas ausgemergelten Gesichtern absah. Selma verbreitete auch mit diesen Kleidern und der Art, wie sie sie trug, einen Hauch von Eleganz und Mondänität.

„Frau Mendel, welche Freude!“ Hermann grüßte eine ältere Frau aus einem kleinen Dorf bei Marburg, die dort einen Laden für Küchenbedarf und Porzellan betrieben hatte. Sie sprachen ein bisschen, über das Wetter, über die neue Spaziermöglichkeit.

Kaum war Frau Mendel weiter gegangen, schritt ihnen Dr. Allschoff entgegen, Mediziner aus Marburg und offenbar bester Laune, kaum gezeichnet vom Jahr, das hinter ihnen allen lag. Er gab ihnen noch ein paar Hygienetipps, weil es wieder eine Reihe Typhusfälle gab, und ging dann ebenfalls seiner Wege.

Und dann sahen sie Marion. Vor ein paar Wochen hatte sie von einem Büro in die Kinderbetreuung wechseln können. Sie kam ihnen mit einer etwas älteren Betreuerkollegin und mehreren Mädchen von vielleicht 12, 13 Jahren entgegen. Eine ganze Weile sah sie ihre Eltern nicht. Die wiederum schauten zu, wie die

Mädchen, sowohl Betreuerinnen wie „Heimbewohnerinnen“ scherzten, irgendwelche Unsinnsgedichte entwarfen, flüsterten, manchmal die Arme um die Schultern einer Freundin legten. „Da seid ihr ja!“ rief Marion, als sie die Eltern entdeckte. „Es ist so schön mit den Mädchen, viel schöner als im Büro! Und lauter interessante Leute, die bei uns ein- und ausgehen, Malerinnen, die mit den Kindern zeichnen, Lehrer – von denen die Deutschen nichts wissen dürfen - , Musiker, alle kümmern sich um die Kinder und ich auch! Manchmal bin ich richtig glücklich!“

Hermann strahlte und sagte etwas hölzern: „Das freut mich, mein Kind.“

„Trotzdem solltest du das Ungeziefer von deinem Kleid schütteln“, sagte Selma, lachte und schnipste etwas schwarzes von Marions Schulter. Sie umarmten sich und Marion lief ihrer Gruppe hinterher, mit locker beschwingtem Gang, den sie so nicht mal in Marburg hatte.

„Es gibt Momente, da könnte man fast vergessen, wo wir sind“, seufzte Selma und lehnte sich dichter an Hermann. Aber in diesem Moment begann die Sonne schon hinter Häusern und Bäumen zu versinken und es wurde gleich wieder kälter.

1943 - Tod einer Lehrerin

Marion rannte weinend auf ihn zu. Sie hatte ihn schon Stunden in den Mengen der Menschen auf den Straßen gesucht, sie war völlig erschöpft. „Frau Jahnow ist tot! Sie ist verhungert!“ Reis durchlief eine Erschütterung, er hielt sich am Müllkarren fest. Seine DDP-Kollegin, die Lehrerin seiner Tochter. Gestorben. Hier führten alle eine Existenz im Schatten, aber bisher waren seine Marburger Mitbürger noch da, sie lebten. Die vielen Toten in Theresienstadt, er hatte sie nicht gekannt, jetzt aber kam der Tod auch in ihre Mitte. Reis dachte an frühere Tage, Parteisitzungen, Marions Einschulung in die Elisabethschule, Elternabende. Frau Jahnow war direkt gewesen, fordernd, sie wusste, wer sie war, was sie konnte. Ein erfolgreiches Leben - mutwillig zerstört. Sie ist nicht nur an Hunger gestorben, dachte Reis.

Marions Schluchzen holte ihn aus seinen Gedanken. Er legte den Arm um ihre Schultern, zog sie an sich und hielt sie fest. Langsam wurde sie ruhiger, aber der Schmerz in ihrem Gesicht blieb.

„Sie war so eine tolle Lehrerin. Sie hat so viel gewusst, und sie hat uns immer so ernst genommen. Alle in der Klasse haben sie geliebt. Papa, warum passiert das alles? Was haben wir getan?“

1943 – Zählappell

Sie standen schon den ganzen Tag auf dieser riesigen Wiese. Hungrig, durstig, müde, sie konnten sich kaum noch auf den Beinen halten. Einige lagen am Boden, mehrere Alte waren gestorben vor Anstrengung, vor Angst. Langsam wurde es dunkel.

Morgens waren sie alle häuserweise in Gruppen hier heraus kommandiert worden, ein Fußmarsch von mehreren Kilometern, alle Bewohner von Theresienstadt bis auf die Kranken und die, die nicht gehen konnten. Zehntausende von Menschen, die jetzt in Gruppen dicht gedrängt standen. Es gab keinen Raum, sich zu bewegen, sich hinzusetzen

Die Wiese war von einigen Anhöhen umgeben, auf denen überall tschechische und deutsche Wachmänner mit Gewehren platziert waren. Immer wieder waren die Gruppen durchgezählt worden, das war am Tag vorher schon angekündigt worden.

Warum standen sie noch hier? Gezwungen, sich mitten in der Menge zu erleichtern, ohne Essen, ohne Wasser? „Sie werden uns alle erschießen!“ sagten einige. Mütter hielten ihre weinenden Kinder im Arm. Alte Männer standen verbittert und schweigend seit Stunden fast bewegungslos. „Sie machen uns fertig. Sie lassen uns hier herumstehen, bis wir alle tot sind.“ Das wurde von den kriegserfahrenen Männern vermutet: soviel Munition könnten die gar nicht haben und wenn sie alle am Rand erschießen würden, wie kämen sie dann in die Mitte der Menge? „Haltet endlich den Mund mit eurem

Geschwätz, hier sind Kinder! Und ich will das auch nicht hören!“, herrschte eine Frau die diskutierenden Männer an.

Hermann Reis stand mit seiner Gruppe ganz am Rand der unübersehbaren Menschenansammlung, ein paar Meter weg ein jüngerer deutscher SS-Soldat mit Gewehr. Auf einmal ging eine junge Frau mit ganz kleinem Kind auf dem Arm auf den SS-Mann zu: „Warum können wir nicht zurück? Ich muss mein Kind hinlegen, es saubermachen, ihm etwas zu essen und zu trinken geben!“ Der Mann drehte sich nur zur Seite, als ob sie nicht mit ihm gesprochen hätte. Die Frau begann ihn anzuschreien, was sie sich dabei denken würden, sie hier alle festzuhalten, ob er nicht sehen würde, dass Menschen zusammenbrächen, ob er nicht gesehen hätte, dass es schon Tote gab. Der SS-Mann drehte sich herum und schlug ihr wortlos ins Gesicht.

Hermann Reis, der das sah, der den ganzen Tag eine ohnmächtige Wut verspürt hatte, ging die paar Schritte auf den Wachmann zu: „Was ist mit euch los? Wie können Sie als Mann und Soldat eine junge Frau, eine Mutter, schlagen? Sie hat ihr Kind auf dem Arm! Was ist mit euch passiert? Das haben euch eure Mütter nicht beigebracht!“ Wieder blieb der SS-Mann stoisch stehen, als ob er nichts gehört hätte. Reis machte dies Schweigen noch wütender und er brüllte ihn an: „Wenn ihr uns erschießen wollt, warum fangt ihr nicht endlich an?“ Jetzt endlich sah der junge Mann mit dem eigentlich harmlos wirkenden Gesicht auf ihn runter: „Du kommst mit auf die Burg, du Saujude.“ Und unvermittelt trat er ihm voller Wucht in den Bauch. „Beweg dich nicht von der Stelle, ich nehm‘ dich nachher mit.“

Die Burg, das kleine Kastell am Rande von Theresienstadt. Von der Burg kam keiner zurück. Hermann Reis wurde schwindlig, nicht nur von dem Fußtritt. Wozu hatte er sich hinreißen lassen? Marion, Selma, würde er sie wiedersehen? Wahrscheinlich war er heute abend schon tot.

In diesem Augenblick ging ein Raunen durch die Menge. Der SS-Mann wurde von seinem Kollegen etwa fünfzig Meter weiter gerufen, ging ein paar Schritte in dessen Richtung, um ihn besser zu hören.

Die Männer um Reis zogen ihn in ihre Mitte. „Los, komm, schnell! Kopf runter!“ Sie zogen und schubsten ihn tiefer in die Menge hinein. Der Soldat, der den Ruf jetzt verstanden hatte, schaute sich um und merkte, dass Reis verschwunden war. Sein Gesicht verzerrte sich und er schrie die Umstehenden an: „Wo ist er?“ Dann pflügte er mit Schlägen und Tritten durch die Menge. Er war groß, konnte über die anderen wegsehen. Wie besessen schlug er wahllos in Gesichter, schubste, trat ein im Weg stehendes Kind - und dann sah er ihn. Mit dem Ellbogen rammte er den ersten der vor ihm Stehenden zur Seite, als er von seinem Wachkollegen wieder gerufen wurde: „Komm, wir haben keine Zeit für so was! Es geht zurück ins Lager! Wir müssen uns dort vorne sammeln!“ Der SS-Mann sah sich unwillig um, als der andere dringlich rief: „Komm endlich, Befehl!“ Der Soldat schaute nochmals mit bösem Blick in die Menge, in die Hermann

Reis schon wieder hineingeschubst worden war, und rannte seinem Kameraden hinterher.

Zwei Männer stützten Reis, der vom brutalen Tritt und von der Angst gezeichnet war. Er sah, dass sich einige aus der Gruppe auch um die anderen Opfer des Schlägers kümmerten. Tausende Menschen setzten sich in Bewegung Richtung Theresienstadt. Eine ungeheure Erleichterung war spürbar, aber das Gedränge war auch gefährlich, weil die Menschenmenge unerbittlich schob. Wer fiel, kam kaum noch hoch. Weil Reis und seine Gruppe fast ganz am Ende gingen, blieben sie einigermaßen unbedrängt. Die Männer stützten Reis weiter, andere noch nicht ganz Erschöpfte trugen Kinder aus einer Kindergruppe, die nicht mehr laufen konnten, die weinten, die auf den Schultern ihrer Träger eingeschlafen waren. Von Zeit zu Zeit kamen sie an einem Toten vorbei und Reis sah, wie ein anderer einen Toten durchsuchte. Nach Wertsachen vielleicht, aber vor allem wohl in der Hoffnung auf ein Stück Brot, das der Tote am Morgen vielleicht mitgenommen hatte.

„Sie holen das Beste und das Schlechteste aus uns raus“, kommentierte einer der Älteren, der Reis stützte.

1943 – Empörung

Krawielitzki ist gerade bei seiner Lieblingsbeschäftigung. Seit er wieder Kreisleiter der NSDAP ist, gibt er einen Rundbrief an treue Parteigenossen heraus. Wer ist gerade wo im Krieg, wer wurde befördert, wer hat sich gemeldet, aber auch: wer wurde verletzt und wer ist gefallen. Der Zusammenhalt soll gefördert werden, die Moral und – es gibt sonst nicht so viel zu tun für den Kreisleiter im Krieg. Die wehrfähigen Männer sind alle an der Front, die Zeiten des Parteiaufbaus vorbei. Blieb die Aufgabe, gelegentlich eine Rede mit Durchhalteparolen zu schwingen – und der Rundbrief. Die Schreibdamen stöhnen über die Menge an Vervielfältigungen, aber das ist Krawielitzki egal, schließlich muss jeder seinen Beitrag erbringen.

Und es ist ein willkommener Anlass, sich in der Parteizentrale aufzuhalten und nicht im Landratsamt, wo nur langweilige Amtsvorgänge auf ihn warteten, die sich manchmal von selbst erledigten, wenn er nicht da war.

Er arbeitet an den Abschlusssätzen des Rundbriefs, doch gerade kommt die Post und er liest einen Brief des Ingenieurs Ruppersberg an den Kreisleiter. Seine Augen verengen sich, seine Sitzhaltung wird aufrecht und gespannt. *„Jeder Deutschfühlende muss seiner Empörung Luft machen …. Studentinnen mittags in Gasthäusern, deren Unterhaltungen durch Inhaltslosigkeit und Oberflächlichkeit auffallen"*, und jetzt kam es: *„das Geschrabbel und Geschnatter* *verstummt nicht bei den Mittagsnachrichten zum Kriegsgeschehen! Eine Flegelei gegenüber der Wehrmacht und den Frontkämpfern!“*

Krawielitzki teilt die Empörung des Briefschreibers zutiefst. Bei ihm zuhause verstummt bei den Nachrichten jedes Gespräch. Danach ein Blick auf die große Karte an der Wand, zeitweilig hatte er sogar Stecknadeln zu den Frontverläufen gesteckt, aber es war zu kompliziert und manchmal die Information auch zu vage, deshalb hatte er das aufgegeben. Leider waren die Meldungen auch zunehmend schlimmer, wenn man sie auf ihren Kern hin zu verstehen suchte, es lief nicht so gut, auch wenn man das nicht sagen durfte.

Krawielitzki beordert sofort eine Mitarbeiterin zum Diktat: Schreiben an den Rektor der Universität: *Schärfste Maßnahmen gegen solches unwürdige und undeutsche Verhalten der Studentenschaft* seien gefordert.

Diese dummen Mädchen! Jetzt im Frühjahr sehen sie ja wunderschön aus, wenn sie so gut gelaunt durch die Stadt ziehen, aber erstens ist er zu alt, zweitens verheiratet und drittens ist er Landrat und Kreisleiter der NSDAP! Und es ist Krieg! Und eine gute Gelegenheit, sich bei der Universität mal wieder mit Nachdruck ins Gespräch zu bringen.

1944 – Ein Kartengruß

Marion sitzt an einem Tisch in der Mittagspause und schreibt mit einem zu kurzen dicken Bleistiftstummel an Frau Jacobsohn nach Marburg. Die hat gerade ein Päckchen an Hermann Reis geschickt mit Lebensmitteln, und es ist tatsächlich bei Marions Vater angekommen.

Sie hat nur eine kleine Karte zur Verfügung. Was kann sie schreiben? Nichts darüber, wie es ihnen wirklich geht. Vor einigen Wochen hatte sie Streit mit ihrer Mutter, die Frau Jacobsohn geschrieben hatte, dass Marion 19 Jahre alt sei, gut aussähe und ihren Eltern viel Freude mache. „Ich sehe gut aus? Bald bin ich nur noch ein Gerippe mit Totenschädel!“ „Du übertreibst maßlos. Außerdem dürfen wir nichts Schlechtes schreiben, dann kommt die Karte nie an.“

Also nichts darüber, dass alle Angst vor den Transporten nach Auschwitz haben, nichts darüber, dass das Essen so schlecht und so wenig ist wie noch nie, nichts darüber, dass immer mehr starben. Auch lieber nichts zu ihrer Arbeit mit den Mädchen. Wenn das zu gut klingen würde, würde die Lagerleitung vielleicht eingreifen. Also bedankt sich Marion bei Frau Jacobsohn für das Päckchen, freut sich, dass es Frau Jacobsohn offenbar wieder gut geht. *Auch wir sind gesund. In der Hoffnung recht bald wieder von Ihnen zu hören, grüße ich Sie herzlich, Ihre Marion*

1944 – Im Viehwaggon

Dies musste der Tiefpunkt sein, oder ging es noch tiefer, zumindest solange man am Leben war? Hermann Reis versuchte sich zu bewegen. Die Luft war stechend, es stank katastrophal, der Waggon war völlig überfüllt, sie lagen und saßen dicht aneinandergedrängt. Wenn er es richtig sah, waren unter den vielen Menschen schon drei gestorben. Der Durst brannte im Hals, vor Hunger biss er auf seinem zerschlissenen Ärmel herum. Sein ganzer Körper schmerzte, in den Füßen hatte er kein Gefühl mehr. Er wusste nicht, wann er das letzte Mal in seinem Leben geweint hatte, er vergoss auch keine Tränen, schluchzte nicht, zu all dem war der Körper nicht mehr in der Lage. Der Tod wäre schön, einfach hinaus aus dem Wagen, für eine Sekunde durch die frische Luft fliegen, dann Aufprall und Ende. Auch das ging nicht, er hätte es nicht zur Tür geschafft über all die anderen Leiber, die Tür war verschlossen und im Wagen saß ein Wachmann. Die Fahrt ging schon ungezählte Stunden, die Schläge der Achsen des Wagens krachten ungebremst in den Körper, das wenige Stroh auf dem Boden dämpfte nichts. Sie waren in einem Viehtransportwagen. ‚Der Kreis schließt sich: als Sohn eines Viehhändlers bin ich geboren, jetzt bin ich ein Stück Vieh im Viehwaggon', dachte Reis verbittert.

Er musste versuchen aufzustehen, sein ganzer Körper war verspannt oder taub, ein Krampf im Bein schmerzte höllisch. Er zwängte sich hoch, stützte sich auf seine Nachbarn ab, es war eine fast übermächtige Anstrengung und ohne es zu wollen, trat er seinem mehr liegenden als sitzenden Nebenmann in den Bauch. Mit krächzender Stimme entschuldigte er sich, kaum hörbar im Lärm des ratternden Wagens, aber es klang doch in dieser Umgebung eigenartig, als ob er dem anderen im Erste-Klasse-Abteil aus Versehen auf den Fuß getreten wäre.

Dieser andere war jung, vielleicht nicht ganz so ausgemergelt wie die anderen, wenn auch gezeichnet von Theresienstadt. Er sagte: „Ist gut“ und half Reis sogar hoch, der versuchte sich etwas zu strecken, bevor er wieder heruntersank. Er schaute den anderen an. „Ich habe Sie schon gesehen. Ich weiß aber nicht mehr wo und wann.“ „Vielleicht haben Sie mich spielen sehen. Ich war Mitglied der Ghetto-Swingers, wir haben im Café gespielt und die letzten Monate auch im Freien für den Film geprobt. Harry Kahmann,“ stellte er sich vor und versuchte, Reis die Hand zu geben. Auch eine fast absurde Situation, dachte Reis, als er die Hand zu erreichen suchte, was schwierig war, weil er mit seiner Hand beim Runtersinken unter einen anderen Mitfahrer geraten war und dort festklemmte. Zwei Männer, die sich einmal flüchtig gesehen hatten, stellen sich bei einer erneuten Begegnung gepflegt vor. Vielleicht auf dem Marktplatz? Oder bei einer Ausstellungseröffnung? Jedenfalls wusste er jetzt, wer der andere war. Der junge Schlagzeuger, der die nervöse Musik gespielt und den er sich als Freund seiner Tochter vorgestellt hatte. Marion - schon wieder überkam Reis das Weinen, aber auch dieses Mal keine Tränen, nichts, nur die Verzweiflung war unermesslich. Er wusste nicht, ob er sie jemals wiedersehen würde.

Der andere versuchte, dicht an das Ohr von Reis zu kommen, um im Lärm etwas sagen zu können: „Es hat nicht viel genutzt, die Musik, der Film. Die Lagerleitung hat allen Beteiligten am Film die Freiheit versprochen. Ich wusste immer, dass es eine Lüge war. Sie lügen ohne jede Hemmung. Sie sind völlig verkommen." Reis dachte mit Scham an die Wohnrechte für Theresienstadt, die viele der Insassen in ihren Heimatorten noch erworben hatten. Auch diese waren eine Lüge, ein riesiger Betrug, und er war in Marburg zum Helfershelfer dieses Betrugs geworden. Er hatte sich ein weiteres Mal in ihren Dienst stellen lassen, er war Handlanger der Ausplünderung geworden. Einigen Deportierten hatte das Erkennen dieser Lüge bei der Ankunft in Theresienstadt die letzte Hoffnung, den letzten Lebenswillen geraubt.

„Aber wir Musiker hatten natürlich Vorteile" fuhr Harry Kahmann fort. „Die Musik hat mir mein Leben erhalten. Und wir haben immer mal wieder etwas Besseres zum Essen bekommen."

Nach einer Pause:

„Wenn wir gespielt haben, konnte ich vergessen, wo ich war, konnte vergessen, wie es allen um mich herum ging. Es war wie ein Traum, ein Rausch, der mich wegtrug."

„Musik! Ich hätte auch gerne etwas Künstlerisches gemacht, Schriftsteller vielleicht. Ich habe mal einen kleinen Roman geschrieben.“ Reis sprach holprig, stockend, „Aber ich hatte wohl kein Talent und auch keinen Mut für so etwas. Ich war Anwalt. Schon 1933 durfte ich nicht mehr als Anwalt arbeiten. Ein verkrachter abgebrochener Jurastudent war in Marburg NSDAP-Kreisleiter. Solche Leute haben unsere Lebensleistung fortgeworfen. Und der war noch einer der humansten. Und dann haben sie uns immer mehr weggenommen, unseren Status als Bürger, jetzt nehmen sie uns unseren Status als Mensch. Viehwaggons! Aber je mehr sie uns drangsalieren, desto weniger bleibt von ihnen selbst als Menschen.“

Harry Kahmann hatte zustimmend nickend zugehört. Der Zug war langsamer geworden, die Schienen offenbar etwas neuer, jedenfalls hatte der Lärm nachgelassen. „Ich gebe zu, dass ich in Theresienstadt manchmal ein schlechtes Gewissen hatte“ sagte Harry Kahmann jetzt. Reis antwortete langsam: „Ich denke nicht, dass Sie wegen ein paar Essensrationen ein schlechtes Gewissen haben sollten. Sie haben es niemand anderem vom Mund weggerissen. Alle versuchen, irgendwie zu überleben, nicht zu verhungern, etwas zu tun, damit sie nicht deportiert werden.“

„Ja und trotzdem. Aber Sie haben recht, und wenn ich in Auschwitz wieder Musik machen kann, mich damit ein bisschen unentbehrlich machen kann, werde ich es tun.“

Kahmann stand mühsam auf. „Ich muss pinkeln, vielleicht lässt mich der Wärter aus dem Wagen schiffen.“ Er kletterte über die gelagerten Leiber, vorsichtig, anders als Reis war er ziemlich beweglich, und kaum einer protestierte. Der Zug rollte langsam und zu Reis Verwunderung zog der Wachsoldat tatsächlich die Ladetür ein Stück auf, soweit es die außen am Wagen gespannte Kette zuließ. Draußen war es dunkel, mit einem kleinen Hauch von Dämmerung. Reis wusste nicht, ob es Morgen oder Abend war. Durch den Türspalt kam sogar frische Luft rein.

Kahmann kam zurück, ganz aufgeregt: „Wir fahren durch Berlin! Ich habe es genau gesehen. Wir fahren durch meine Heimatstadt. Durch den Spalt hätte ich nicht durchgepasst. Und der Wächter hätte mich erschossen. Es ist verrückt. Wir sind hier gefangen und fahren durch Berlin. Wahrscheinlich spielen meine Kumpels in einem Club gerade einen heißen Jive. Vielleicht nur ein paar hundert Meter weit weg.“ Er setzte sich mühsam. „Ich konnte auch jede Menge kaputter Häuser sehen. Keine Ahnung, ob die Deutschen den Krieg noch lange durchstehen.“ Reis antwortete kaum hörbar: „Wir können nur hoffen, dass das Ende rechtzeitig genug für uns kommt.“

In diesem Moment nahm der Zug ruckend wieder mehr Fahrt auf, die Wagen knallten aneinander, es wurde wieder laut, und ihre Unterhaltung erstarb.

1944 - Selma und Marion

Sie standen schon länger in einer Warteschlange. Sie hatten Angst, ihre Mägen revoltierten. Am vorderen Ende wurde eingeteilt. Junge arbeitsfähige Frauen in eine Gruppe, ältere in die andere Gruppe. „Ich bleibe bei dir!“ insistierte Marion. „Du weißt, was das heißt!“, flüsterte Selma. „Sie werden die Älteren umbringen, in der anderen Gruppe hast du noch eine Chance! Vielleicht siehst du Papa wieder, wenn das alles vorbei ist! Du weißt, was wir gehört haben, was geredet wird. Vielleicht ist bald alles vorbei. Geh‘ nicht mit mir, bitte!“ Selma stand gekrümmt neben Marion, ihr Gesicht zerfurcht, sie war wie alle praktisch in Lumpen gekleidet, verdreckt. Sie war müde. Sie wollte nicht mehr, der Tod schreckte sie nicht mehr, sie hoffte nur, dass es schnell gehen möge. Aber ihre Tochter, das durfte nicht sein. Sie sollte nicht sterben, sie sollte irgendwann ein richtiges Leben haben, eine Familie, sie sollte einmal glücklich sein.

Vor drei Wochen waren sie aus Theresienstadt mit dem Transport gekommen. Sie kamen in die Baracken des ehemaligen „Theresienstadt-Lagers“ in Auschwitz. In einiger Entfernung hinter einem Zaun hatten sie einen Trupp Männer an einer Baugrube gesehen. Selma war für ein paar Minuten elektrisiert: „Ich glaube, ich habe Papa gesehen. Der eine Mann sah genau so aus! Die Haltung, alles!“

Selma und Marion waren wie alle Frauen in der Baracke am frühen Morgen aufgefordert worden, ihre wenigen

Habseligkeiten zu packen und sich auf dem Platz davor zu sammeln. Die düsteren Ahnungen, die wilden Gerüchte über Auschwitz: alles hatte gestimmt oder war noch schlimmer und hier blieb nichts mehr verborgen: Die Öfen, der furchtbare Geruch. Beide Frauen wussten, was die Einteilung vorne bedeutete. „Mama, ich kann dann vielleicht ein paar Wochen arbeiten, bis ich umfalle, und dann ist das Ergebnis das gleiche. Ich will nicht von dir weg, ich bin deine Tochter, du bist meine Mutter, hier haben wir nur noch uns." Marion weinte, diesmal nicht aus Angst vor dem Tod. Selma versuchte es nochmal. „Denk an Papa! Vielleicht schafft ihr es!" „Mama, ich weiß nicht, ob das wirklich Papa war. Es war so weit weg. Wenn sie dich ermorden, werden sie auch Papa umbringen. Das war doch alles nur ein Schimmer von Hoffnung. Aber du bist jetzt hier und ich auch und so soll es bleiben, was immer passiert."

Zwei hinter ihnen stehende Frauen zischten, sie sollten endlich ruhig sein, sie würden mit ihrem Reden nur die Schergen aufmerksam machen und dann bekämen alle die Knüppel zu spüren. Marion nahm den Arm ihrer Mutter und drückte sie an sich. Die Mutter war noch viel zerbrechlicher als sie selbst geworden. Die stolze Selma Reis, in Theresienstadt noch auffallend durch ihre gerade Haltung, ihre praktischen Fähigkeiten, Selma, die durchaus mit Dünkel, aber immer zupackend arbeiten konnte, diese Selma gab es seit einigen Wochen nicht mehr. Neben Marion stand nicht mehr diese starke Mutter, sondern eine gebeugte alte Frau.

Nach einigen Minuten waren sie vorne bei den zwei SS-Männern angelangt. Selma wurde nach links gewiesen zu einer Gruppe, die sich etwas entfernt sammelte und Marion wandte sich zu ihr. Der größere SS-Mann, der mit einem wütenden Gesichtsausdruck die Menschen in der Warteschlange einteilte, griff nach Marions Arm und schleuderte sie in die andere Richtung, zur Gruppe der Jüngeren, so dass sie zu Boden gerissen wurde, sich Hände und Ellenbogen aufschrammte. „Da rüber, du Schlampe!“ In diesem Moment gab es weiter hinten eine Art Tumult und der SS-Mann rannte sofort in diese Richtung. Der zweite jüngere Wachmann blieb stehen. Er hielt sein Gesicht in einen der wenigen Sonnenstrahlen des grauen Tages, die Augen fast geschlossen, er sah teilnahmslos aus. Marion stand mühsam auf, ging rüber zu Selma, legte ihr den Arm auf die Schulter und ging mit ihr in Richtung der Gruppe der Älteren. Für bange Sekunden erwartete sie einen gebellten Befehl, einen Schlag mit dem Gewehrkolben, aber nichts geschah. Marion hörte hinter sich, wie der Wachmann seine Arbeit wieder aufnahm und die nach ihnen kommenden in die beiden Gruppen einteilte. Sie fasste ihre Mutter noch enger um die Schulter. „Wir sind noch zusammen.“

1945 - Die Abzeichen

Es klopfte an der Tür.

Krawielitzki stand an seinem Schreibtisch und war sehr zufrieden. Die Partei funktionierte! Er schaute auf ein kleines und ein großes Ehrenzeichen der NSDAP. Ersatz für ein unverzeihlicher Weise verlorenes und für ein zerkratztes Ehrenzeichen. Die Partei hatte sie ihm schon vor Jahren verliehen, sie schätzte seine Qualitäten, sie wusste, wer er war und was er geleistet hatte. Anders als seine arroganten, ignoranten Vorgesetzten, diese Bürokraten, Papierhengste! Das kleine Erinnerungsabzeichen kam vom Gau Hessen-Nassau, das hatten einige bekommen, auch weniger verdiente Männer. Aber das andere, das hatte nicht jeder. Reserviert vor allem für verdiente „Alte Kämpfer“, nicht für die Opportunisten, die Märzgefallenen, die später auf den Zug sprangen: Das goldene Parteiabzeichen! Das Hakenkreuz in schwarz auf weißem Grund, darum rankte sich der Schriftzug „Nationalsozialistische DAP“ in sattem Rot, und außen herum ein goldener Lorbeerkranz. Die Ersatzlieferung, die einige Korrespondenz erfordert hatte, kostete ihn 2 Reichsmark und 50 Pfennige, aber das war es wert.

Jetzt konnte er das Klopfen an der Tür nicht mehr ignorieren. Er rief „Herein“, ließ aber die Abzeichen wie zufällig auf dem Tisch liegen. Der Mitarbeiter, dessen Name ihm nicht einfiel, unter anderem für Strom und Wasser im Landkreis zuständig, sah grau und verschlissen aus, wie sein fadenscheiniger Anzug. Die

Leute ließen sich gehen! Der gerade Namenlose blickte kurz auf den Schreibtisch, aber keine Regung in seinem Gesicht zeigte, dass er die Abzeichen wohlwollend zur Kenntnis nahm. Er legte dar, dass aufgrund der vorrückenden Feindtruppen jetzt jederzeit mit einem Rückgang oder gar Stopp der Kohlelieferungen zu rechnen war und dass sich die Versorgungslage im Landkreis Marburg drastisch verschlechtern könne.

Krawielitzki, noch vom Anblick seines Goldenen Abzeichens befeuert, herrschte ihn an: „Reißen Sie sich zusammen! Es ist Ihre Aufgabe, Mittel und Wege zu finden, weiteren Nachschub aufrechtzuerhalten. Auf Defätismus steht die Todesstrafe! Wie laufen Sie überhaupt rum? Gucken Sie mal in den Spiegel! Jetzt gehen Sie mir aus den Augen und berichten mir morgen, was Sie erreicht haben." Und mit einem zackigen „Heil Hitler" scheuchte Krawielitzki den Mitarbeiter aus dem Zimmer. Der Mitarbeiter antwortete mit einem laschen deutschen Gruß. Eigentlich sollte er ihn exemplarisch und sichtbar für alle bestrafen. Und eigentlich sollte er seinen Namen kennen, aber der fiel ihm immer noch nicht ein. Egal. Er steckte sich das Goldene Ehrenzeichen ans Revers.

1945 – Schnee kann ein weiches Tuch sein

Kierspel war der Antreiber. Josef Kierspel, genannt „Jupp“, auch „der Clown“, oder schlicht „der Verbrecher“. Wie viele heute schon seinen Schlägen, Tritten und den Schüssen der SS zum Opfer gefallen waren, wusste Reis nicht.

Gestern morgen waren sie gestartet. Reis hatte im Steinbruch in Golleschau gearbeitet, als auf einmal alle ins Lager zurückgetrieben wurden und der Aufbruch begann. Das Kleidungslager wurde geöffnet, alle durften sich mit warmer Kleidung versorgen, soweit sie vorhanden war, es wurde Brot ausgeteilt. Der „Lagerälteste“ und Häftlingskapo Kierspel war wütend über diese Entscheidung des Kommandanten, schlug anlasslos auf Häftlinge ein, trat nach ihnen. So hatte es Reis viele Male in den letzten Wochen erlebt. Kaum in Golleschau angekommen, wurden ihm flüsternd Geschichten des Grauens über Kierspel, seine Wutanfälle, seine Freude am Prügeln und Treten und die vielen Toten erzählt. Aber die Erzählungen ließen Reis merkwürdig kalt, er hörte sie, aber spürte wenig. Schlimmer noch: Wenn sie abends antreten mussten, um eine barbarische Bestrafung zu erleben, die der Mithäftling manchmal nur um wenige Stunden überlebte, dann blieb sein Herz kalt. Er merkte es selbst, es bedrückte ihn.

Er hatte sich verändert. Er, der in Marburg viele Jahre Schreibtischarbeiter war, er arbeitete hier im Steinbruch mit Spitzhacke und Schaufel über den ganzen Tag. Er war dünn geworden, aber auch sehniger und ausdauernder. Trotz ständigem Hunger in Theresienstadt, jetzt in Golleschau, war er stärker als früher. Aber er merkte auch, dass selbst dieser neue Hermann Reis langsam an den Strapazen, den langen Arbeitsstunden, der Kälte und Nässe zerbrach. Er bewegte sich mechanisch, alles tat ihm weh, dazu kam der Hunger, die Schwierigkeit, zu atmen, die Aussetzer, in denen er kaum noch etwas sah, nicht mehr wusste, was er gerade getan hatte. Er hatte Glück, Kierspels Zorn und Sadismus, genauso wie der seiner ihn umgebenden, unterwürfigen und nicht minder grausamen ‚Häftlingsprominenz', hatte ihn bisher nicht getroffen. Obwohl er Jude war und Kierspel diese besonders hasste. Wie allen war Reis das unauffällig Bleiben selbstverständliches Verhalten geworden. Noch in den ersten Monaten in Theresienstadt hatte er nachts wachgelegen, ohnmächtig Pläne geschmiedet, es diesen ungebildeten Kreaturen, denen sie unterworfen waren, zu zeigen, dass er Anwalt war, ein angesehener Bürger, ein Mensch mit Verdiensten und Kultur, der sich all dies nicht bieten lassen musste, aber diese Gedanken waren ihm jetzt fremd. Jetzt ging es um Überleben, um Essen, Trinken, Schlafen, um das Vermeiden von Schlägen und Tritten. Aber er spürte, dass das Aufstehen morgens immer schwieriger wurde, dass er die Anstrengung bald nicht mehr meistern würde – und dann würde er auffallen. Was das bedeutete, wusste er nur zu gut. Wer es noch nicht wusste, dem brüllte es Kierspel ins Gesicht, während er zuschlug: „Du kommst nach

Auschwitz zurück, ins Gas! Vorher zerschlag‘ ich dir alle Knochen.“ Nach diesen und anderen Sonderbehandlungen brauchten viele den Weg zurück dann nicht mehr anzutreten.

Zweimal schon war Hermann Reis ernsthaft erkrankt, eine Grippe und kurz darauf furchtbare Magenschmerzen, beide Male hatte sich ein jüdischer Arzt, Dr. Rubinstein, ein Mithäftling, auf der Sanitätsstation intensiv um ihn gekümmert, ihn aber auch schon nach zwei Tagen wieder zurückgeschickt, ihm Arbeitsfähigkeit bescheinigt, denn den länger Erkrankten drohte die Zurücksendung nach Auschwitz.

Es half, dass es hier mehr zu essen gab. Aber immer noch nicht genug und das Essen wurde schlechter. Auch konnte man sich waschen, wurde sogar dazu gezwungen.

Die Häftlinge, die schon länger da waren, berichteten, dass es Kritik aus Auschwitz gegeben hatte, weil der Verschleiß an arbeitsfähigen Häftlingen in Golleschau zu groß gewesen sei. Deshalb wurden die Bedingungen besser. Auch wegen Kierspel, der sich Lob von oben, vielleicht Entlassung erhoffte. Aber Kierspel und andere Funktionäre tauschten auch Essen gegen Schnaps und Fleisch bei der umliegenden Bevölkerung. Natürlich nur für sich. Jeder wusste es. Deshalb wurde die Suppe wieder dünner, die Portionen kleiner.

Und dann beschaffte Kierspel Musikinstrumente. An Weihnachten wurde der gnadenlose Sadist sentimental und ließ sich von Häftlingen Musik vorspielen. Die versuchten es mit Mozart, viele durften zuhören. Das

Ergebnis klang schlecht, die ausgezehrten Insassen, die Jahre kein Instrument mehr in der Hand gehalten hatten, spielten mit steifen Fingern, ohne Übung, aber Kierspel merkte es nicht oder es war ihm egal. Er saß da, in bester maßgeschneiderter Häftlingskleidung - Schneider gab es genug unter den jüdischen Insassen – wie ein römischer Adliger, von seinen Sklaven umgeben. Und er sah die Angst in ihren Augen, das gefiel ihm. Reis, der in Theresienstadt noch wunderbare Konzerte hören konnte, registrierte all dies unbewegt, er wollte ins Bett und schlafen. Immerhin hatte er hier seine eigene schmale Pritsche mit einer dünnen Strohauflage: gegenüber Theresienstadt und den paar Tagen in Auschwitz eine riesige Verbesserung.

Doch jetzt waren sie unterwegs. Die Russen seien nicht weit, hieß es. Die Schweine wie Kierspel wollten sich nicht erwischen lassen. Solche Worte hatten früher nicht zur Sprache von Hermann Reis gehört, aber sie gingen ihm jetzt problemlos durch den Kopf. Wenn die Häftlinge vor den Russen gegen Kierspel und die anderen Kapos und SS-Männer aussagen würden, hätten die ein Problem. Falls die Lagerinsassen sie beim Herannahen der Russen nicht schon vorher umgebracht hätten. Manche hatten heimlich ein Messer, und Spitzhacken und Schaufeln gab es genug.

Reis wusste nicht, wo der Marsch hinging. Er fragte auch niemand. Es sprach sowieso niemand. Reis bewegte sich im Zug mechanisch vorwärts. Wenn einer hinfiel, kam der bellende Befehl von Kierspel oder einem SS-Schergen: „Erschießen!“ Keiner sah sich um, jeder trottete weiter, am Rande der Kräfte, Füße und Beine schmerzend, die Zehen blutig oder erfroren. Bloß nicht stolpern, du kommst nie wieder hoch.

Reis war weit hinten im Zug. Am Ende ging der Häftlingsarzt Dr. Rubinstein. Gerade half der Arzt einem hingefallenen älteren Mann auf, was auch Kierspel sah und sofort die Erschießung des Arztes verlangte. Die SS-Männer, die jeden „Befehl“ von Kierspel bisher ausgeführt hatten, blickten sich an, einer schüttelte den Kopf und sie gingen weiter, ohne ihre Gewehre zu erheben.

Reis versuchte, an Selma und Marion zu denken. Waren sie noch in Theresienstadt? Hatte er sie in Auschwitz noch gesehen? Wusste er, ob sie lebten oder tot waren? Er strengte sich an, sich zu erinnern, versuchte nachzudenken, aber er konnte es nicht, es gelang ihm nicht. Seine Albträume nachts, seine Verwirrung am Tag, alles vermengte sich. Der Wind fuhr wieder mit brutaler schneidender Kälte durch seine Kleidung.

Auf einmal erschienen Selma und Marion deutlich vor seinem Auge. Selma, aufrecht, mit einem seltenen Lächeln, Marion, jung, lachend, begeistert von irgendetwas, was er nicht sehen konnte. Lange nicht mehr verspürte Liebe durchströmte ihn. Er war glücklich. Fast war es ihm, als schien ihm die Sonne, die er den ganzen Tag noch nicht gesehen hatte, ins Gesicht. Und er stolperte. Der hohe Schnee am Wegrand fing ihn auf, er war fast körperlos, schmerzlos lag er im weißen Bett, ein Gefühl von Erleichterung erfasste ihn. Der

Schnee war nicht kalt, schmiegte sich an ihn wie ein weiches Tuch.

Man sagt, dass Menschen, die durch einen Kopfschuss getötet werden, den Schuss nicht mehr hören, die Kugel nicht mehr spüren.

1945 - Das Mädchen und das Ende

„Heil Hitler!“, brüllte das Mädchen begeistert. Krawielitzki schaute müde zu ihr hinüber. Er hatte das vielleicht zehn- oder elfjährige Mädchen schon im Augenwinkel gesehen. Sie wartete ungeduldig, bis er sein leises Gespräch mit Eugen Siebecke in der Parteizentrale in der Otto-Böckel-Straße beendet hatte. Siebecke hatte ihn aufgesucht, um mit ihm über die kommenden Tage zu reden. Es hatte keinen Sinn mehr, sich etwas vorzumachen, aber man musste sich weiter in Acht nehmen mit dem, was man sagte. Deshalb hatten Krawielitzki und Siebecke betont sachlich darüber gesprochen, dass die Front wohl gegen alle Erwartung jetzt doch bald Marburg erreichen könnte. Siebecke bat Krawielitzki eindringlich, alle Widerstandsmaßnahmen zu unterlassen. Nur die Kapitulation könne Marburg retten und den Tod vieler gerade eingezogener junger Männer und der Volkssturmmitglieder vermeiden.

„Marburg ist mit allen Mitteln zu verteidigen. Wir haben eindeutige Befehle bekommen.“ Krawielitzki konnte Siebecke nicht recht geben, auch wenn er es vielleicht gerne gemacht hätte. Er werde sich beraten. Als Siebecke ging, winkte er das Mädchen zu seinem Schreibtisch. „Herr Landrat, ich soll Ihnen dieses Schreiben von der Nationalsozialistischen Volkswohlfahrt aus der Frauenbergstraße bringen. Es ist sehr wichtig!“ Das Mädchen war stolz auf seinen makellosen Rapport und Krawielitzki versuchte ein Lächeln. Er setzte sich hin, las, dann schrieb er etwas, und schickte das Mädchen mit dem Zettel zum

Landratsamt. „Fünf Zentner Butter sind umgehend an die Marburger Bevölkerung zu verteilen! Krawielitzki, Landrat“ stand darauf. Er hatte gehört, dass noch Butter im Lager sei. Er nahm dies auf seine Kappe. Das erforderte gerade nicht so viel Mut. Andere dringliche Entscheidungen würden mehr Mut erfordern.

Das Mädchen stand noch vor ihm, sah ihn erwartungsvoll an: „Jetzt kommt der Endkampf, oder? Jetzt schlagen wir sie zurück! Bis zur letzten Patrone, bis zum letzten …“ Auf einmal stockte sie, erschrocken über das, was sie da sagte. Krawielitzki sah auf. Wahrscheinlich hatte sie Brüder oder einen Großvater im Volkssturm. Etwas kläglich fügte sie hinzu: „So hat es unser Lehrer immer gesagt.“ Krawielitzki ignorierte die Frage. „Bring‘ das ins Landratsamt, damit leistet du einen großartigen Beitrag.“ Das Mädchen ging, nicht ohne ein diesmal etwas halbherziges „Heil Hitler“.

Ein kleines Mädchen weist ihn darauf hin, dass Entscheidungen zu treffen sind! Krawielitzki stand auf, verließ das Parteigebäude, ging die Straße hinunter zur Weide, dann am Lahnufer nach Süden, unter der Südbahnhofsbrücke durch und entlang den letzten Ausläufern der Stadt. Am anderen Ufer lag die Barackensiedlung Am Krekel, kein Mensch war dort zu sehen. Er dachte mit Scham an die Ockershäuser Saalschlacht, ein gefeierter Posten in der Familiengeschichte der Partei in Marburg, aber er wusste, dass es in Wirklichkeit eine demütigende Niederlage war, damals, als sie nachts von den Krekelbewohnern mit Spott und einem Regen von

Gegenständen weiter getrieben wurden. Aber das war jetzt egal. Was jetzt kam, war das Ende der Partei, das Ende des Dritten Reiches, das Ende Deutschlands? Er war nicht dumm und die anderen auch nicht. Keiner glaubte mehr an die Durchhalteparolen, an die Nachrichten, wonach überall die SS und der Volkssturm den Feind zurückgeschlagen hätten.

Aber nichts zu tun, die Amerikaner einfach zu erwarten, war auch gefährlich. Der Gestapoleiter in Marburg meinte zu wissen, dass SS-Soldaten die Amerikaner in der Nähe von Wetzlar zum Halten gebracht hätten, was vermutlich gelogen war. Aber es gab sie noch, die SS-Truppen und außerdem wurde Himmler persönlich angeblich in den nächsten Stunden in Gießen erwartet. Wenn die mitbekämen, dass die Marburger Offiziellen den Befehl zur Verteidigung ignoriert hatten, nicht bereit waren, zu kämpfen „bis zum letzten Mann“ – Krawielitzki dachte wieder an das Mädchen – dann würden die SS ihn, und auch den Bürgermeister und den kommandierenden Offizier des 519ten Regiments auf dem Marktplatz öffentlich aufhängen oder erschießen, selbst wenn die Amerikaner schon am Stadtrand stünden.

Jede Entscheidung konnte falsch sein. Er wollte keine Halbwüchsigen und keine alten Männer in den Tod schicken. Ja, er hatte ihnen persönlich auf dem Marktplatz den Eid auf den Führer abgenommen, und der hatte jetzt eindeutige Befehle erteilt. Aber es würde sinnlos sein, der Kampf würde die Amerikaner keine Viertelstunde aufhalten. Die Stadt würde unter Beschuss genommen. Auch die jungen Soldaten des 519ten Regiments hatten keinerlei Erfahrung und kaum Ausbildung, der Volkssturm war eine jämmerliche Truppe. Beide hatten Waffen und Ausrüstung, aber zu wenig Munition. Sie würden sterben und er mit ihnen, denn er konnte sich nicht drücken, wenn das große Aufbäumen gegen den Feind beginnen sollte, die großen Reden in Taten umgesetzt würden. Er hatte Angst. Angst, im letzten Scharmützel zu sterben, Angst, von der SS zur Rechenschaft gezogen zu werden. Angst vor seiner Verantwortung. Heute hatte er noch im Morgengrauen seine Frau und seine Tochter mit seinem Chauffeur im Dienstwagen in den Harz geschickt, auch eine für ihn lebensgefährliche Aktion, wenn es herauskäme. Aber jetzt wusste er nicht mehr weiter. Er musste mit Bürgermeister Voß und dem Offizier des 519ten Regiments sprechen. Kurz vor der Steinmühle schaute er nochmal nach Süden, ob irgendetwas zu sehen sei, dann drehte er um und lief mit schnellem Schritt zurück nach Marburg.

Nach der Besprechung ging er wieder in die Parteizentrale. Kein Kampf, sondern die Kapitulation. Aber was war, wenn die SS noch vor den Amerikanern kam?

Krawielitzki hatte sich die Uniform eines normalen Gefreiten bringen lassen. Seine eigene Parteikleidung ließ er im Büro über dem Stuhl hängen. Zu gerne hätte er das Goldene Parteiabzeichen mitgenommen, aber das wäre jetzt nicht klug. Ein paar Minuten stand er noch am Fenster, schaute die Straße herunter. Dann wandte er sich ab. Niemand sollte denken, dass er die Amis schon erwartete. Er verließ das Gebäude und ging nach Hause.

Auch dort fand er keine Ruhe. Das Recht ist auf Seiten der Sieger. Was würden sie tun? Hitler, Göring, Goebbels – die würden sich verantworten müssen, aber auch er, der Landrat, der Kreisleiter der NSDAP, ein niederrangiger Funktionsträger, ohne sichtbares Blut an den Händen … Was würde die Strafe sein? Und wer würde für ihn sprechen? Eugen Siebecke vielleicht, Frau de Boor? Oder würden sie sich abwenden? Was würde Hermann Reis sagen, wenn er wiederkäme? Würde er Landgerichtspräsident werden und bezeugen, dass er, Krawielitzki, immer bereit war, sich für Menschen einzusetzen? Oder würde er verbittert sagen, das sind die Leute, die das alles gewollt und zu verantworten haben? Wo war Reis überhaupt? Er hatte nie mehr etwas von den jüdischen Bürgern aus Marburg gehört, hatte sich auch nie bemüht, etwas zu erfahren.

Am Mittag des nächsten Tages kamen die Amerikaner mit Jeeps und Panzern. Es gab wenig Widerstand, ein kleiner Trupp deutscher Soldaten und zwei Amerikaner starben noch in einem Scharmützel im Lahntal. Das 519te Regiment, Hitlerjugend, Volkssturm und andere blieben in der Kaserne oder zuhause, nur ein paar ganz dem Führer ergebene Schüler rückten mit einer Panzerfaust aus und wollten bei Cappel von einem kleinen Hügel aus die amerikanischen Panzer beschießen. Ein Erwachsener schrie die Kinder an, dass sie schleunigst nach Hause rennen und sich umziehen sollten, was sie dann auch taten, denn die Angst war auch in ihnen hochgekrochen.

Stunden später wurde Krawielitzki gefangen genommen. Der Landrat saß auf einem Lastwagen, umgeben von weiteren festgesetzten Verwaltungsbeamten, die sich gegenseitig bestätigten, nur ihre Pflicht getan zu haben, alles streng nach Recht und Gesetz. Sie waren für nichts verantwortlich, das würde doch hoffentlich jeder begreifen. Krawielitzki schwieg.

Epilog

Hans Krawielitzki wurde nach eigenen Angaben am 28.03.1945 von den amerikanischen Truppen festgenommen. Schon einen Monat später setzte sich Eugen Siebecke mit einem vielseitigen Brief bei der amerikanischen Verwaltung (Oberst B.A. Dickson) für Krawielitzki ein. Der wurde in der britischen Zone interniert (Zuchthaus Rheinbach, Polizeipräsidium Wuppertal, Camp Roosevelt Hemer und Camp Eselheide). Warum in der britischen und nicht in der amerikanischen Zone, ist unklar. Im Spruchgerichtsverfahren in Bielefeld wurde er 1948 zu dreieinhalb Jahren Gefängnis verurteilt und beantragte die Anrechnung seiner Internierungszeit von über drei Jahren und den Erlass der Reststrafe. Zwischenzeitlich hatte er im niedersächsischen Ohof in einem Diakonissenhaus des DGD eine Anstellung als Helfer in der Landwirtschaft gefunden. Die mehrfach vertretene These, er sei 1945 in die USA in ein dortiges Diakonissenhaus geflüchtet, findet zumindest in den eingesehenen Akten keine Bestätigung. Die Verfahren zogen sich noch bis in die fünfziger Jahre, so vor der Spruchkammer in Bielefeld und der zentralen Berufungskammer in Frankfurt, später noch ein Verwaltungsgerichtsverfahren wegen seiner ehemaligen Stellung als Landrat. Einige Aktenseiten füllt der Versuch Krawielitzkis, mit Hilfe eines Anwalts seine beschlagnahmte Nazi-Literatur wieder zu erhalten, um sie ins Ausland zu verkaufen („große Nachfrage"). Krawielitzki kehrte nach Marburg zurück und lebte offenbar eher zurückgezogen, besuchte Treffen einer „Kameradenhilfe der Internierten“, war aber auch im Kunstverein Marburg aktiv. Er war zu Gesprächen mit amerikanischen Sozialwissenschaftlern bereit (mit John K. Dickinson, mit John R. Willertz, mit Rudy Koshar). Sein Grab, er starb 1992, ist auf dem Marburger Friedhof neben dem seines Vaters zu finden, dort ruhen auch seine Tochter, die Künstlerin Helga Krawielitzki-Hajos, und seine Ehefrau. Aber all dies gehört nicht mehr zu dieser Erzählung, die 1945 endet.

Die Erinnerung an Hermann Reis, Selma Reis und Marion Reis lebt fort in Dickinsons Buch, „German and Jew“, dazu sogleich näheres in den Anmerkungen. In vielen Arbeiten der Geschichtswerkstatt Marburg wird Hermann Reis in einzelnen Zusammenhängen genannt. Vor dem Haus Friedrichstraße 2 liegen Stolpersteine eingebettet im Gehweg für Selma, Marion und Hermann Reis. Die Namen finden sich auf dem metallenen Gedenkband im Marburger Bahnhof, Hermann Reis‘ Name steht auf Sandsteinkacheln im Treppenhaus der Martin-Luther-Schule und eine Lebensbeschreibung mit Bild von ihm und Selma befindet sich auf einer Gedenktafel, die im Neubau oberhalb der Schulcafeteria hängt. Eine Wanderausstellung des DIZ Stadtallendorf erzählt u.a. die Geschichte von Marion Reis und die der Anwaltskanzlei Wertheim/Reis und enthält Fotos von Marion, Selma und Hermann Reis.

Auch bei Reis gab es ein juristisches Nachspiel in Form eines Entschädigungsverfahrens von Verwandten aus den USA 1957. Wie wenig manche Menschen damals von der Vergangenheit sensibilisiert waren, zeigt eine Stellungnahme der Rechtsanwaltskammer Kassel in diesem Verfahren, in der formuliert wird, dass Reis nach 1933 Berater für seine „Artgenossen“ (!) in Marburg gewesen sei.

An dieser Stelle noch eine Wortmeldung zum Klappentext auf der Rückseite von John K. Dickinsons wertvollem Buch zu Hermann Reis. Dort kommentierte der berühmte Psychoanalytiker und Autor Bruno Bettelheim („Kinder brauchen Märchen“): „This is the compelling biography of a man who lived during an incredible complex period of history – a typical ‚little man‘ who happened to be Jewish, always trying to take the easy way out, who worked to his doom small step by small step.“ Einspruch: Ja, Hermann Reis – wir sehen es heute aus der Distanz und mit der Kenntnis, wie es ausging - hat große Fehler gemacht, vieles falsch eingeschätzt, seine Familie nicht gerettet. Aber er war kein „kleiner Mann“, wie immer wir diese leicht arrogante, herabwürdigende Beurteilung verstehen sollen. Hermann Reis war ein Mann des öffentlichen Lebens, ein hochkompetenter, erfolgreicher Rechtsanwalt, ein Partner, ein Familienvater, ein Gebildeter, ein Mann mit sozialer Kompetenz und auch immer wieder mal ein mutiger Mann, ein Mensch. Daran ist nichts „klein“.

Anmerkungen

Über Hermann Reis (1896 – 1944 oder 1945) gibt es eine Biografie von John K. Dickinson, German and Jew, The Life and Death of Sigmund Stein, erstmals 1967 erschienen und immer noch problemlos erhältlich in einer Taschenbuchausgabe von 2001 (Ivan R. Dee Publisher, Chicago), geadelt durch eine Einführung des bekannten Holocaust-Forschers Raul Hilberg. Sigmund Stein ist Hermann Reis. Dickinson hat in Marburg in den fünfziger Jahren mit 172 Personen gesprochen, die Hermann Reis kannten oder Informationen zu seinem Leben beitragen konnten. Er hat Briefwechsel geführt, Erkundigungen eingeholt, Archive genutzt. Das Ergebnis ist beeindruckend, aber auch nicht ganz leicht zu erschließen. Auch für diejenigen, für die Englisch kein Problem ist, sind die 324 engbedruckten Seiten mit vielen Betrachtungen des Autors zu den geschilderten Situationen, mit vielen historischen, politologischen, soziologischen und psychologischen Komment-ierungen, manchmal auch Spekulationen, eine kleine Herausforderung. Irritierend für den mit Marburg vertrauten Leser ist bei der Lektüre vor allem jedoch die durchgängige Anonymisierung fast aller Namen, auch aller Ortsnamen, Straßen und Plätze. Die 2001 von Dickinson im Taschenbuch beigefügte Liste der Klarnamen hilft, allerdings kaum bei den Straßennamen und Ortsnamen. Und wenn auch nicht jeder Name eines Beteiligten heute wesentlich ist, so sind doch Namen darunter, die in die lokale Geschichte eingegangen sind, wie Marie-Luise Hensel, Hermann Bauer, Willi

Wertheim, Hedwig Jahnow, Lisa de Boor und andere. Dickinson hat damals auf die Bitte von Hermann Reis' Bruder Julius reagiert, der um diese Anonymisierung gebeten hatte.

Dickinsons Buch ist eine ganz wichtige Quelle zur Biografie von Hermann Reis und auch Anregung zur Person von Hermann Reis in den hier geschilderten Szenen. Natürlich wurde Dickinson bei seinen Interviews mit ganz unterschiedlichen Aussagen zu vielen Themen konfrontiert. Die Zweifel an der Zuverlässigkeit der Aussagen, die Dickinson verarbeitet hat, verstärken sich nochmal, wenn man auch die Aufschriebe von Dickinson heranzieht, die sich in seinem literarischen Nachlass befinden, der in der Universitätsbibliothek Marburg verwahrt wird. Obwohl die Gespräche Anfang der fünfziger Jahre noch einigermaßen zeitnah zum Geschehen stattfanden, finden sich in den Mitschriften noch mehr sich widersprechende Darstellungen verschiedener Zeugen als in Dickinsons Buch. Aber geschichtswissenschaftlich über allen Zweifel erhaben sollen die hier vorgelegten und teilweise von Dickinson inspirierten Szenen auch nicht sein. Ich habe zu Reis eine Reihe weiterer Quellen benutzt, die in den folgenden Anmerkungen benannt sind.

Schwieriger war die Suche nach aussagekräftigem Material bei Hans Krawielitzki (1900 – 1992). Aufgrund seiner Funktionen u.a. als NSDAP-Kreisleiter und Landrat gibt es natürlich viele Fundstellen zu ihm. Auch die Akten aus den Spruchkörperverfahren habe ich keineswegs als erster gezogen. Dennoch war die Person, ihr Handeln, ihre Motive anfangs weniger gut zu greifen als die von Hermann Reis. Aber auch zur Person von Hans Krawielitzki gibt es bei näherem Hinsehen eine Fülle von Hinweisen, so dass ein Bild entstehen konnte, das natürlich wie bei Reis Elemente der Vermutung enthält, dabei auch Widersprüchlichkeiten zulässt und Fragen offenlässt.

Ich habe keine kompletten Biografien der Protagonisten angestrebt, keine durchgängige Erzählung. Vielmehr sollen die Szenen Schlaglichter auf das Leben der beiden vor dem Hintergrund der Geschichte Marburgs werfen, Schlaglichter, die sich zu einem Gesamtbild fügen. Für einige Szenen oder Begebenheiten habe ich mir die Freiheit der Erfindung genommen, aber nicht, um Hermann Reis oder Hans Krawielitzki beliebig etwas unterzuschieben, sondern um das von mir für stimmig gehaltene Bild zu unterstützen oder zu ergänzen und den Leser „mitzunehmen". Für die meisten Szenen allerdings gibt es hinreichende Belege.

1911 - Der Zusammenstoß (S. 10)

Hermann Reis besuchte von 1908 bis 1915 bis zu seinem Abitur die „Oberrealschule mit Reformrealgymnasium", die heutige Martin-Luther-Schule. Hans Krawielitzkis Schulausbildung dort dauerte von 1911 bis 1918 und setzte sich nach der Militärzeit bis zum Abitur 1920 fort. Die Schule hatte in dieser Zeit etwa 500 Schüler, davon ca. 70 bis 80 mit jüdischer Religion, wie es die

Jahresberichte vermerken (siehe die Jahresberichte der Schule im Staatsarchiv Marburg HStAM 153/15, 362).

1911 – Im Israelitischen Schülerheim (S. 11 - 13)

Das Heim in der Schwanallee 15 wurde später ein „Ghettohaus“, in dem auch die Familie Reis in ihren letzten Monaten In Marburg leben musste. Das Gebäude wurde später abgerissen, dann stand dort das Kino Rex, das aber auch nicht mehr existiert.

1913 – Tanzstunde (S. 14 - 16)

Zur Vermutung, dass Hermann Reis seine spätere Frau Selma beim Tanzen kennengelernt hat: Dickinson, S. 35.

1917 – Freiwillig für Deutschland (S. 17 - 18)

Theophil Krawielitzki war Pfarrer in Westpreußen und Gründer mehrerer Diakonissenhäuser und eines Brüderhauses. 1908 kam er mit seiner Familie nach Marburg, wo er später dann auch erster Direktor des Deutschen Gemeinschafts- Diakonieverbandes (DGD) wurde.

In Hans Krawielitzkis späterem Abiturzeugnis blieb es beim „Nicht genügend“ in Latein, HStAM 153/15, Nr. 422.

1917 – Frankreich (S. 19 - 22)

Hermann Reis, der den ersten Weltkrieg anfangs an der Ostfront erlebte, war im weiteren Verlauf in Nordfrankreich eingesetzt. Zum imaginierten Treffen mit Helmuth Rieth siehe am Schluss des Buches Widmung, Dank und persönliche Anmerkung.

1919 – Abiturientenkurs (S. 23 - 24)

Studienassessor Sangmeister sagt am 11.09.1947 vor der Polizei aus, dass Krawielitzki sein Schüler gewesen sei und ihn damals beschuldigt habe, er hätte Karl Fritz Bode immer bevorzugt (Bundesarchiv Koblenz, Akten zu Spruchgericht Bielefeld Z 42 IV – 1527). Auch Bode war Schüler der Oberrealschule, wurde später aus politischen Gründen zur Strafhaft in Heil- und Pflegeanstalten verurteilt und im Rahmen der Euthanasie 1941 ermordet. Siehe Tafel zu Karl Bode der Gedenken AG der Martin-Luther-Schule, dort am Durchgang Schulkantine zum Stadttheater einzusehen. Am gleichen Ort sind auch die Tafeln zu Hermann Reis und seinem Partner Willi Wertheim angebracht.

1920 – In der Nähe von Mechterstädt, Thüringen (S. 25 - 28)

Zu den Morden von Mechterstädt siehe Peter Krüger, Anne C. Nagel (Hrsg.), Mechterstädt 25.3.1920, Münster 1997; Dietrich Heither, Adelheid Schulze, Die

Morde von Mechterstädt 1920: Zur Geschichte rechtsradikaler Gewalt in Deutschland, Berlin 2015. Hans Krawielitzki listete die Teilnahme „an der Niederschlagung des Kommunistenaufstandes“ in jedem Lebenslauf mit Stolz auf.

Zur Tatsache, dass viele Schüler der Oberrealschule, aktuelle wie ehemalige, und vor allem auch viele Teilnehmer der Abiturientenkurse für Kriegsteilnehmer bei dem Einsatz der Studentenkorps in Thüringen dabei waren: Bericht des Schulleiters Walter Brand, Oberrealschule und Realgymnasium Marburg 1906 – 1946, S. 15, HStAM 153/15, 371, 372.

1920 – Der Prozess: Zuhörer Krawielitzki (S. 29 - 31)

Zu dem Prozess siehe die vorstehenden Anmerkungen und: Der Marburger Studentenprozess, Bericht über die Verhandlung vor dem Kriegsgericht nach stenographischer Aufzeichnung, Leipzig/Berlin 1921; Der Schrei nach dem Recht, Die Tragödie von Mechterstädt, Marburg o.J.

1920 – Der Prozess: Zuhörer Reis (S. 32 – 34)

Belege dafür, dass Reis und Krawielitzki den Prozess besuchten, gibt es keine.

Bei Heinemann und Lemmer handelt es sich um die späteren bundesrepublikanischen Politiker. Heinemann wurde Bundespräsident, Lemmer Minister.

1924 – Skat (S. 35 - 36)

Roland Freisler, später Präsident des Volksgerichtshofes und Teilnehmer der Wannseekonferenz, wohl der furchtbarste unter vielen furchtbaren Juristen der NS-Zeit, war während und nach seiner Gefangenschaft im ersten Weltkrieg in Russland als Lebensmittelkommissar tätig, s. z.B. Matthias Blazek, Zur Biografie Roland Freislers, Journal der Juristischen Zeitgeschichte 2010, S. 35 (36). Von einer Freundschaft der Kartenspieler Roland Freisler und Willi Wertheim und dem Umstand, dass sich Freisler von Wertheim Geld geliehen hat, berichtet detailliert Dickinson, S. 61. Dass sie sich kennengelernt haben, ist durchaus plausibel: Freisler war nicht nur seit 1924 Anwalt in Kassel, sondern für eine kurze Zeit auch als Gerichtsassessor in der preußischen Justizverwaltung am Amtsgericht Homberg tätig, so Martin Würfel, Das Reichsjustizprüfungsamt, Tübingen 2019, S. 81, unter Bezug auf die im Bundesarchiv in Berlin lagernde Personalakte. Auch Hermann Bauer berichtet im Nachlass Dickinson, Interviews, S. 247, über diese Bekanntschaft.

Zu Willi Wertheim siehe später die Anmerkungen zu 1934 – Ein Brief.

1924 – Der Brief des Vaters (S. 37 - 38)

Einen solchen Brief von Theophil Krawielitzki an seinen Sohn Hans wegen dessen mangelhaften

Studienfortschrittes gibt es. Den Hinweis verdanke ich Werner Stoy, der sich in einem umfangreichen unveröffentlichten Werk mit der Rolle des DGD im Nationalsozialismus befasst hat. Der Brief lagert im Archiv des DGD. Einsicht wurde mir nicht gewährt, so dass der hier dargestellte Brief sich dem echten Brief nur fiktiv annähern konnte.

1926 – Das Ölgemälde (S. 39 - 41)

Von Reis‘ Begeisterung für hessische Genrebilder berichtet Dickinson, S. 81. Auch Krawielitzki teilte die Vorliebe für lokale Genremaler, siehe später 1942 – Kunst, Schuld und anderes.

1927 – Saalschlacht I (S. 42 – 43)

Dickinson, S. 59/60.

1928 – Die Ernennung (S. 44 - 45)

Krawielitzki war seit 14.9.1927 NSDAP-Mitglied (Nr. 68.068), dann auch gleich stellvertretender Ortsgruppenleiter. 1928 wurde er Bezirksleiter und Kreisleiter. Später sammelte er zahlreiche weitere Partei-Funktionen wie Gauschatzleiter, Gauinspektor und andere. 1933 wurde er auch Mitglied des Preußischen Landtags und Abgeordneter des Reichstags, beides allerdings nach 1933 zunehmend bedeutungslose Funktionen. Siehe zu den Daten und Funktionen

Joachim Lilla, Statisten in Uniform. Die Mitglieder des Reichstags 1933 – 1945, Düsseldorf 2004.

1930 – Juristenball (S. 46 - 48)

Dickinson, S. 92 f.

1931 – Saalschlacht II (S. 49 - 53)

Zur „Saalschacht von Ockershausen“ Rosemarie Mann, Entstehen und Entwicklung der NSDAP in Marburg bis 1933, in: Hessisches Jahrbuch für Landesgeschichte, 22. Band, Marburg 1972, S. 254 ff., hier S. 316/317, und die prahlerisch-pathetische Darstellung des SS-Propagandisten Gunter d'Alquen in: 1923 – 1925 - 1935 NSDAP Marburg, Festschrift zum 10 (12) jährigen Bestehen der NSDAP in Marburg, Marburg 1935, dort S. 39ff: Die Saalschlacht von Ockershausen (Universitätsbibliothek Marburg, Nr. 20680202).

Krawielitzki hat allerdings nicht - wie hier geschildert - die Veranstaltung eröffnet, sondern ein Student. Von seiner Anwesenheit bei dieser Veranstaltung darf man dennoch ausgehen.

1931 – Ockershausen vor Gericht (S. 54 - 56)

Die Anklagen der Staatsanwaltschaft nach diesem Geschehen richteten sich ausnahmslos gegen die Protestierer gegen die Veranstaltung, vor allem gegen diejenigen, die den Zug der Nationalsozialisten zum Rudolphsplatz begleitet hatten: Strafsache 3 M 24/31, Staatsarchiv Marburg HStAM Bestand 274 Marburg Nr. 367/1-2. Zu den Verteidigern gehörte auch die Kanzlei Wertheim/Reis, weiterhin eine Frankfurter Anwältin der „Roten Hilfe“. Ob auch Reis oder nur Wertheim verteidigten, lässt sich den Akten nicht entnehmen, einige Aktenstücke tragen Reis‘ Unterschrift. Zum Geschehen im Saal der Gaststätte Ruppersberg siehe den Prozess gegen den Studenten Fritz Nagel, HStAM Bestand 274 Marburg Nr. 355. Elemente dieses Prozesses (Frage der Notwehr) sind in Frieder Bocks Fall eingeflossen, im übrigen sind die Figur Frieder Bock und sein Prozess fiktiv.

1932 – Hitler in Marburg (S. 57 - 61)

Zum Ablauf solcher Veranstaltungen und zum Inhalt der Rede vgl. z.B. Volker Ulrich, Adolf Hitler, Biografie, Band 1: Die Jahre des Aufstiegs 1889-1939, Frankfurt 2013, S. 332f., Peter Longerich, Hitler, Biografie, München 2015, S. 181ff. Zur Person Hitler bei der persönlichen Begegnung z.B. Ulrich, aaO, S. 421ff.

Zur Veranstaltung in Marburg Rosemarie Mann aaO, S. 322f.

1933 – Ein Oberbürgermeister gibt auf (S. 62 - 65)

Zum Rücktritt Ulrich Hussong, Die Verwaltung der Stadt Marburg in der nationalsozialistischen Zeit, in Walter Heinemayer (Hrsg.), Hundert Jahre Historische Kommission für Hessen 1897-1997, Zweiter Teil, S. 1017ff, hier 1022f; Oberhessische Zeitung vom 28.03.1933, Hessisches Tageblatt vom gleichen Tage.

1933 – Das Ende der Anwaltskanzlei (S. 66 - 71)

Oberhessische Zeitung vom 05.04.1933 und Hessisches Tageblatt vom 07.04.1933 (Das Hessische Tageblatt musste sich am 29.04.1933 dem politischen und wirtschaftlichen Druck beugen und sein Erscheinen einstellen.)

Über das Konzentrationslager Dachau für 5000 politische Gefangene berichtet die OZ mit Bildern am 24.2.1933, ebenso das Hessische Tageblatt. Das Hessische Tageblatt berichtet am 28.03.1933 auch vom Konzentrationslager für politische Gefangene in Heuberg, Württemberg.

1933 – An der Universität (S. 72 - 75)

Im April 1933 schreibt Krawielitzki einen Brief an Bernhard Rust, den Reichskommissar für das preußische Ministerium für Kunst, Wissenschaft und Volksbildung, und fordert, den Volkswirtschaftler Wilhelm Röpke abzuberufen. Abgedruckt ist dieser Brief in Anne Chr.

Nagel (Hg.), Die Philipps-Universität im Nationalsozialismus, Stuttgart 2000, S. 120 (Dokument 38). Dazu auch Nagel aaO Einleitung, S. 43. Zum Auftrag Krawielitzkis betr. die Universität, aaO S. 58.

Zur Einstellung des Bahnarbeiters: John R. Willertz, National Socialism in a German City and County, Marburg 1933 – 1945, Dissertation Michigan 1969, S. 167f, in der Universitätsbibliothek Marburg 001 NZ 62740 W712.

1933 – Das Treffen (S. 76 - 80)

Der inszenierte Boykott wegen angeblicher jüdischer Gräuelpropaganda, den Hermann Reis anspricht, fand am 28.03.1933 statt. Die NSDAP teilte zunächst mit, dass die Maßnahmen nicht angeordnet seien, sondern „aus der Erregung heraus“ entstanden seien. Schon Tage später wurde diese Zurückhaltung aufgegeben. Oberhessische Zeitung vom 29.03.1933, Hessisches Tageblatt vom 30.03.1933.

1933 – Schwarz auf Weiß (S. 81 - 83)

Die zwei Dokumente zum Vertretungsverbot finden sich in der Entschädigungsakte 518 62 701 im Hauptstaatsarchiv Wiesbaden. Eine Art Zulassungsurkunde als Rechts- und Devisenberater muss es gegeben haben, ich habe sie aber nicht aufgefunden.

1934 – Eine Rede (S. 84 - 88)

Die Rede von Papens ist an verschiedenen Stellen im Internet auffindbar. Über die Vorgeschichte, Ablauf, Inhalt und Folgen Stephan M. Buchholz, Marburger UniJournal Nr. 15, 2003, S. 61 ff („Wie Papen in Marburg baden ging").

Von Papen hat sich mit Verweis auf die Rede Anfang der fünfziger Jahre als Widerständler charakterisiert, tatsächlich hat sein Mitarbeiter Edgar Jung die Rede geschrieben, von Papen hat sie wohl erst zwei Stunden vor Beginn der Veranstaltung erstmals gelesen. Jung wurde wenige Wochen nach der Rede bei der Aktion gegen den angeblichen Röhm-Putsch erschossen, von Papen wurde vier Tage interniert und dann als Botschafter nach Wien abgeschoben. Zu alldem knapp und informativ Buchholz aaO.

1934 – Frau Seeger (S. 89 - 90)

Ihre Person ist fiktiv.

1934 – Ein Brief (S. 91 - 92)

Wir wissen nicht, ob sich Willi Wertheim und Hermann Reis tatsächlich noch Briefe geschrieben haben, es erscheint mir aber durchaus erwartbar. Andererseits hat Cilly Wertheim 1953 an Dickinson geschrieben, dass sie aufgrund des schweren Neubeginns in Frankreich fast völlig den Kontakt zu den alten Freunden in Marburg verloren hatten.

Reis wird von mir in den Brief hineingeschrieben, was offenbar in Marburg als Wissenstand über Willi Wertheim in Frankreich kursierte. Tatsächlich war die Antiquariatsbuchhandlung in Paris nur eine kurze Episode, auch war seine Familie die ganze Zeit in Paris bei ihm und nicht in Südfrankreich. Dort gingen sie erst später hin. Aber jegliche Spekulation der Marburger, dass Willi Wertheim in Paris ein angenehmes Leben führte, war völlig unangebracht, s. im einzelnen dazu Harald Maier-Metz, Der Marburger Rechtsanwalt Willy Wertheim und seine Familie, in: Klaus-Peter Friedrich (Hrsg.), Von der Ausgrenzung zur Deportation in Marburg und im Landkreis Marburg-Biedenkopf, Marburg 2017, S. 345 ff.

Willi Wertheim wurde am 04.03.1943 auf den Transport Nr. 50 von Drancy nach Chelm geschickt, ermordet wurde er vermutlich am 09.03.1943 in Majdanek, s. Maier-Metz aaO, Fn. 43 und 44, S. 524.

1934 – Ein Angriff (S. 93 - 95)

Zu dieser Affäre Sarah Wilder/ Alexander Cramer, „ ..daß auch hier in der Stadt der Wille des Führers erfüllt wird," Nationalsozialismus und kommunale Selbstverwaltung. Institutionen. Personen. Wirkungen (1930-1950), in: Wilder, Cramer, Stolper, Marburger Rathaus und Nationalsozialismus, Marburg 2018, S. 75-

77, mit Nachweisen. Bühner wurde wegen des Briefes später aus der NSDAP ausgeschlossen.

1934 – Eine Doppelseite in der „Oberhess" (S. 96 - 98)

Oberhessische Zeitung vom 23.06.1934. Zu Eugen Siebecke siehe später die Anmerkung zu: 1941 - Vernunft, Mut und ein heimlicher Gedanke.

Die kleinlichen Schikanen wie z.B. limitierte Zeiten beim Friseur erfolgten tatsächlich erst einige Jahre später.

1935 – Landrat Krawielitzki berichtet nach Kassel (S. 99)

Wörtliche Zitate, entnommen Thomas Klein (Hrsg.), Der Regierungsbezirk Kassel 1933 – 1036: Die Berichte der Regierungspräsidenten und der Landräte, Darmstadt 1985, S. 436 und 653.

1936 – Harte Urteile, starke Behauptungen (S. 100 - 103)

Der Brief betreffend den Stadtinspektor Heinrich Reith wurde von Krawielitzki wörtlich so verfasst, allerdings erst 1943. Er ist Teil der Spruchgerichtsakte Bundesarchiv Koblenz Z 42 IV – 1415.

Zum Gerücht über die „Hetzreden" Wertheims und Krawielitzkis Meldung an die Gestapo siehe Harald Maier-Metz aaO S. 349. Die Gestapo setzte daraufhin ein Ausbürgerungsverfahren in Gang, s. Maier-Metz aaO.

Seinen Spionageverdacht und die Anzeige des Vorgangs erwähnt Krawielitzki als stellvertretender Landrat in einem Bericht vom 30.08.1934, abgedruckt in Thomas Klein aao, S. 109 ff, hier S. 112. Dazu auch Maier-Metz, Von der Ausgrenzung zur Deportation aaO, Kapitel zu Momberg, S. 145ff, hier 149f. Der Name des angeblich beteiligten SA-Manns ist erfunden, ob Krawielitzki von Ruth Spier oder ihrer Schwester Käthe spricht, ist seinem Bericht nicht zu entnehmen. Beide wurden verhört.

Zur Festschrift s. Anmerkung oben zu 1931 – Saalschlacht II.

1936 – Landrat in der Provinz (S. 104 – 107)

Die Szene ist inspiriert von einem Bild, das im Internet über lagis-hessen, Bilddokumente, angesehen werden kann: Der Marburger Landrat bei der Eröffnung des Schwimmbades in Winnen.

Zum „Fleiß“ Krawielitzkis bei der Aktenbearbeitung siehe Sangmeister in seiner Aussage vor dem Spruchgericht, Bundesarchiv Koblenz, Akten zu Spruchgericht Bielefeld Z 42 IV – 1527 sowie nachfolgend 1938 - Leistungsbeurteilung.

1938 – Nach dem Brand (S. 108 - 109)

Dickinson S. 215 ff. Zur Synagoge in Marburg, dem Brand und dem Verkauf: Elmar Brohl u.a., Die Synagoge in der Universitätsstraße, Marburg 2003.

1938 – Leistungsbeurteilung (S. 110 - 111)

Die Beurteilung findet sich in den Personalunterlagen des Bundesarchivs in Berlin ZA VI 0260 Akte 086. Dort auch die Beurteilung aus der vorangegangenen Wehrübung.

Die Berichte Krawielitzkis als stv. Landrat sind abgedruckt bei Thomas Klein (Hrsg.), Der Regierungsbezirk Kassel … (s. Anmerkung zu 1935 - Landrat Krawielitzki berichtet nach Kassel).

1938 – Gott, Führer und Familie (S. 112 - 113)

Zum Wunsch Theophil Krawielitzkis, in die NSDAP eintreten zu dürfen: Elmar Spohn, Zwischen Anpassung, Affinität und Resistenz: Eine historische Studie zu evangelischen Glaubens- und Gemeinschaftsmissionen in der Zeit des Nationalsozialismus, Dissertation 2013, S. 137f., mit Hinweisen auf die Arbeit von Stoy, aaO (s.o. Anmerkung zu 1924 – Der Brief des Vaters)

1940 – Der Nachmieter (S. 114 – 117)

Zu dieser Wohnungsbesichtigung siehe das Gespräch von Milton Mayer mit H.H. in They thought they were free, Chicago und London 1966 (zuerst erschienen 1955), S. 187 - 208, ebenso Dickinson, aaO, S. 245ff. H.H. wird von Dickinson Karl Grün genannt.

Im Gespräch mit Milton Mayer gibt H.H. auch interessante (subjektive) Einblicke in das politische Spannungsfeld des Schulalltags in der Adolf-Hitler-Schule nach 1933 (dazu auch den Literaturbericht Horst J. Rieth, Unsere Schule unter dem Hakenkreuz, www.mls-ehemalige.de).

Selma bezieht sich auf den Vorfall 1933, bei dem Jakob Spier mit einem Schild „Ich habe ein Christenmädchen geschändet" und einer von der SA organisierten Musikkapelle mit Zwang durch die Stadt geführt wurde. Auf dem Marktplatz warnte ihn Standartenführer Gerhard Todenhöfer davor, dies jemals wieder zu tun. Todenhöfer war nach dem Krieg Vorstand einer Bauunternehmung und schon seit dem Krieg enger Freund von Kurt Georg Kiesinger. Zu dieser Begebenheit und zu Jakob Spier Klaus-Peter Friedrich: Zur Geschichte der „Marburger Jäger" zwischen 1914 und 1945, in: Geschichtswerkstatt Marburg, Zur Geschichte und Nachgeschichte der „Marburger Jäger", S. 107-109 (herunterzuladen über die Webseite der Marburger Geschichtswerkstatt) und Klaus-Peter Friedrich, Jakob Spier aus Marburg, in: Klaus-Peter Friedrich (Hrsg.), Von der Ausgrenzung zur Deportation in Marburg und im Landkreis Marburg-Biedenkopf, Marburg 2017, S. 331 ff.

1940 – Amerika (S. 118 - 120)

Die zunehmend verzweifelten Briefe von Hermann Reis an seinen Bruder Julius Reis, in denen auch das Schreiben des amerikanischen Konsulats in Stuttgart wiedergegeben ist, sind im Besitz der Nachkommen der Familienangehörigen, denen die rechtzeitige Emigration gelang. Julius ist Hermanns Bruder, Fritz ist Fritz Bachenheimer, Ehemann von Hermann Reis‘ Schwester Erna.

1941 – Vernunft, Mut und ein heimlicher Gedanke (S. 121 - 125)

Zu diesem Vorgang Lisa de Boor, Tagebuchblätter aus den Jahren 1938 – 1945, München, S. 77 – 82.

Krawielitzki hat tatsächlich und mit Risiko einer Reihe von Menschen in konkreten Verfolgungslagen geholfen. Die Spruchgerichtsakte Bundesarchiv Koblenz Z 42 IV – 1415 enthält eine ganze Reihe solcher entlastenden Vorgänge, die aufgrund der Personen, die diese Berichte abgegeben haben, und der detailliert geschilderten Fälle vermutlich nicht als bloße Gefälligkeiten der Auskunftsgebenden abgetan werden können. Zu den Verfassern gehörten z.B. die Schriftstellerin Lisa de Boor, der erste Nachkriegs-Oberbürgermeister Eugen

Siebecke, der Lehrer Lothar Mütze, damit auch Gegner des Naziregimes.

Das Sammeln solcher Schreiben (Persilscheine) gehörte damals wohl zu fast jeder Entnazifizierungsverhandlung. Warum auch Gegner des Nazi-Regimes offensichtlich bereit waren, sich dort zu engagieren, mag unterschiedliche Gründe haben: Gerechtigkeitsgefühl, Mitleid, Unzufriedenheit mit der Besatzung, Schlussstrichmentalität. Aber die Schreiben, die Krawielitzki vor dem Spruchgericht aufbieten konnte, scheinen inhaltlich doch häufig Substanz zu haben.

Siebecke, der eine Reihe von Begegnungen mit Krawielitzki hatte, war überzeugt, dass dieser ihm in einer Situation mit hohem eigenen Risiko das Leben gerettet hat. Interessant ist, dass Siebecke sich in dieser gefährlichen Situation mit seinem Freund Hermann Reis abgestimmt hatte, der mit ihm und Frau Siebecke beider Aussagen vor dem Staatsanwalt vorbereitet hat. Dies war 1941. Im einzelnen Spruchgerichtsakte aaO. Zu Siebecke ausführlich und auch mit Behandlung der Kontakte Siebecke und Krawielitzki siehe Barbara Wagner, Eugen Siebecke, Marburgs vergessener Oberbürgermeister (1945 – 1946), in Benno Hafeneger / Wolfram Schäfer (Hrsg.), Aufbruch zwischen Mangel und Verweigerung, Marburger Stadtschriften Band 68, Marburg 2000, S. 45 ff. Die häufigen Kontakte und die Unterstützung durch Krawielitzki wurden Siebecke dann später massiv angelastet, s. Barbara Wagner aaO.

Die pauschalen Vorwürfe der Vereinigung der Verfolgten des Naziregimes (VVN) im Spruchgerichtsverfahren, dass Krawielitzki als Landrat an allem – Verhaftungen, Deportationen, Misshandlung von Fremdarbeitern, Euthanasie – aktiv und konkret in Person beteiligt war, konnte die VVN nicht mit entsprechenden Situationen belegen. Der Bericht Eugen Siebeckes über mehrere teils riskante Hilfeleistungen Krawielitzkis schließt allerdings auch mit dem Hinweis, dass auch Siebecke die politische Verantwortung Krawielitzkis hinsichtlich der „Schande des dritten Reichs" bejahe.

1941 – Der Aufschub (S. 126 - 131)

Zur Arbeit Marions auf dem Elisabethenhof Dickinson, S. 256 ff, die Szene mit Selma S. 278f. Wie es Reis tatsächlich geschafft hat, Marions Namen von der Liste streichen zu lassen, ist nicht bekannt, insoweit ist die Szene fiktiv.

Ein Fahrer des Landrats Krawielitzki berichtet im Spruchgerichtsverfahren von häufigen abendlichen Privatfahrten in den Landkreis, Spruchgerichtsakte aaO.

1942 - Eine Tragödie (S. 132 - 134)

Dazu Marita Metz-Becker, Marie Luise Hensel, eine „Gerechte unter den Völkern" aus Marburg, in: Klaus-Peter Friedrich (Hrsg.), Von der Ausgrenzung zur

Deportation in Marburg und im Landkreis Marburg-Biedenkopf, Marburg 2017, S. 340 – 344. Ausführlich auch Dickinson, S. 283 ff.

1942 – Eine Fahrt aufs Land (S. 135 - 139)

Dickinson hat mit „Anna“ gesprochen, die er im Buch Frau Benzheim nennt, ohne ihren Vornamen zu erwähnen. Die gemeinsame Zugfahrt hat stattgefunden, auch weitere Treffen, die Affaire zwischen beiden entsprach eher einem Gerücht, dessen Wahrheitsgehalt wohl nur Reis und „Anna“ kannten. Dickinson S. 301 f, vor allem auch Nachlaß Dickinson Interviews S. 177 und ganz am Ende der Aufzeichnungen Gespräch Dickinson mit „Anna“ über die Beziehung. Dickinson wertet „Annas“ Aussagen in diesem Gespräch als Bestätigung, dass es sich um eine Affäre handelte.

Hermann Reis‘ Englischnote war tatsächlich nur ein „genügend“ neben vielen „guten“ Noten.

1942 – Kunst, Schuld und anderes (S. 140 - 146)

Der Kreisoberinspektor Ludwig Seufer, Krawielitzkis „rechte Hand“, berichtet im Spruchgerichtsverfahren (aaO) davon, dass Reis Krawielitzki persönlich zwei Ölbilder von Lenz angeboten habe, die dieser aber nicht habe nehmen wollen, weil er nichts kaufen wollte, was unter dem Zwang der Verhältnisse veräußert wurde.

1942 – Deportation (S. 147 - 149)

Zu Hedwig Jahnow, der ehemals stellvertretenden Direktorin der Elisabethschule siehe Experiment, Zeitung der Elisabethschule Sonderheft November 1992, Die jüdischen Schülerinnen der Elisabethschule Marburg 1878 bis 1939, darin Regina Neumann, Hedwig Jahnow oder Das Scheitern der Assimilation, S. 96 ff. Dieselbe in: Von der Ausgrenzung … (s.o.), S. 318 ff.

1942 – Der Landrat berichtet der Gestapo (S. 150)

Zitiert nach Harald Maier-Metz, Die Deportation der letzten jüdischen Bürger Marburgs, in: Karl Braun u.a. (Hrsg), Transport XV/1 Marburg – Theresienstadt, Marburg 1982

1942 – Theresienstadt (S. 151 - 154)

Dickinson, S. 318 – 323. Zu Plaut siehe Barbara Wagner, Marburg, in: Klaus-Peter Friedrich (Hrsg.), Von der Ausgrenzung zur Deportation in Marburg und im Landkreis Marburg-Biedenkopf, Marburg 2017, S. 37 – 41.

1943 – Swing und Stadtverschönerung (S. 155 - 159)

Zu Swing und Jazz in Theresienstadt siehe Coco Schumann, Der Ghettoswinger, 2. Aufl. München 1998, S. 59ff.

Zur Frage, warum Murmelstein überzeugt war, dass Theresienstadt um jeden Preis „gut dastehen“ sollte und zur Frage, ob er wusste, was in Auschwitz geschah, s. Claude Lanzmanns Film „Der letzte der Ungerechten“. Und auch Murmelsteins eigene 1961 geschriebene Darstellung: Benjamin Murmelstein, Theresienstadt – Eichmanns Vorzeige-Ghetto, Wien 2014.

1943 – Momente des Lichts (S. 160 - 161)

Marion war zunächst offenbar als Sekretärin in einem Büro der Selbstverwaltung eingesetzt, dann Kinderbetreuerin, Dickinson S. 320. Die intensive Bemühung um die Kinder und ihre kulturelle, vor allem aber auch seelische Entwicklung in Theresienstadt ist sicher eine der großartigsten Leistungen der vielgescholtenen „Selbstverwaltung“. Ausführlich und berührend, Hannelore Brenner-Wonschick, Die Mädchen vom Zimmer 28, München 2004.

Begegnungen mit Dr. Allschoff und Frau Mendel: Dickinson S. 318 – 323.

1943 – Tod einer Lehrerin (S. 162)

Zu Hedwig Jahnow s.o. Anmerkung zu: 1942 – Die Deportation.

1943 – Zählappell (S. 163 - 166)

Über diesen Appell am 11. November 1943 wird in vielen Darstellungen und Erinnerungen an Theresienstadt berichtet, z.B. bei Brenner-Wonschick aaO, S. 209 ff, Garry Fabian, Blick zurück – Wie ein Stuttgarter Junge das KZ Theresienstadt überlebt hat, Stuttgart 2006, S. 29 ff, auch Murmelstein aaO, S. 116 ff.

Bei der Begebenheit mit Hermann Reis und dem SS-Mann handelt es sich um Fiktion.

1943 – Empörung (S. 167 - 168)

Die Schreiben von Ruppersberg und Krawielitzki sind wörtlich zitiert nach Holger Zinn, Zwischen Republik und Diktatur. Die Studentenschaft der Philipps-Universität Marburg in den Jahren von 1925 bis 1945, Köln 2002, S. 501.

Einer der Rundbriefe Krawielitzkis ist enthalten in der Spruchgerichtsakte Bundesarchiv Koblenz Z 42 IV – 1415.

1944 – Ein Kartengruß (S. 169)

Marion Reis schreibt an die Witwe des Sprachwissenschaftlers Prof. Hermann Jacobsohn, der sich 1933 am Marburger Südbahnhof vor den Zug warf, nachdem ihn die Universität entlassen hatte. Margarethe Jacobsohn war keine Jüdin und konnte daher in Marburg bleiben, entging Ende 1944 aber auch nur knapp der Entsendung in ein Konzentrationslager. Sie war offenbar eine der letzten Kontaktpersonen der Familie Reis.

Die Familiengeschichte der Jacobsohns wird anhand vieler Briefzeugnisse erzählt von Ruth Verroen, Leben Sie? Die Geschichte einer jüdischen Familie in Deutschland (1845-1953), Marburg 2015. Dort ist auch die Karte von Marion als Bild abgedruckt (S. 121).

1944 – Im Viehwaggon (S. 170 - 174)

Harry Kahmann ist eng angelehnt an den Jazzmusiker Coco Schumann. Aufgrund der Proben im öffentlichen Raum für den berüchtigten Film ist es durchaus möglich, dass Reis Coco Schumann vom Sehen kannte. Die Begegnung der beiden im Zug ist aber fiktiv. Schumann wurde mit dem ersten der Herbsttransporte abgehend am 28. September 1944 nach Auschwitz gebracht (ebenso wie Leo Plaut), Hermann Reis erst am nächsten Tag, dem 29. September. Coco Schumann, Der Ghettoswinger, S. 76, dabei auch der Blick auf Berlin, S. 77.

Coco Schumann hat überlebt, dank der Musik. Er wurde ein erfolgreicher Jazzgitarrist, der mit vielen Größen des Jazz und der Unterhaltungsmusik spielte und bis zu seinem Tod 2018 nie aufhörte zu spielen. Eine von ihm mehrfach geäußerte Klarstellung, die ich unbedingt wiedergeben möchte, lautete: „Ich bin nicht der KZ-Häftling, der Jazz spielt, ich bin ein Jazzgitarrist, der im KZ war."

1944 – Selma und Marion (S. 175 – 177)

Dickinson hat Bertel Kugelmann interviewt, die Selma und Marion kannte und zur gleichen Zeit wie diese in Auschwitz war und mit ihnen gesprochen hat, S.324/325. Danach hat sich die Szene tatsächlich so oder ähnlich abgespielt. Marion Reis ist freiwillig mit ihrer Mutter in den Tod gegangen.

Selma und Marion können Hermann Reis nicht gesehen haben. Als sie nach Auschwitz kamen, war er bereits nach Golleschau weiter transferiert worden.

1945 – Die Abzeichen (S. 178 - 179)

Ende 1944, Anfang 1945, als die Familie Reis und viele andere dem Tod entgegengingen, als das Deutsche Reich kaum mehr übersehbar in den Untergang abglitt, hat Krawielitzki tatsächlich eine Korrespondenz wegen Ersatzes seiner Parteiabzeichen geführt und den gewünschten Ersatz auch bekommen, Bundesarchiv Berlin R/9361/II.

1945 – Schnee kann ein weiches Tuch sein (S. 180 – 185)

Das Leben in Golleschau und der anschließende Todesmarsch werden ausführlich im Urteil des Landgerichts Bremen vom 27.11.1953, Aktenzeichen 3 Ks 2/53, beschrieben, abgedruckt in Justiz und NS-Verbrechen, University Press Amsterdam 1974, Band XI, Nr. 379, S. 498 ff, zum Todesmarsch speziell S. 563 ff. Das Urteil umfasst über 100 Druckseiten und ist eine bemerkenswerte Aufarbeitung der Geschehnisse und des historischen Hintergrundes. Hauptangeklagter ist u.a. Josef Kierspel, der als „Berufsverbrecher“ in das Lager Auschwitz kam und dort eine Karriere als Häftlingskapo machte. Die im Urteil geschilderten Grausamkeiten sind für den Leser kaum zu ertragen. Viele Zeugenberichte zu Golleschau finden sich auch in entsprechenden Ermittlungsakten der Zentralen Stelle in Ludwigsburg aus den späten sechziger Jahren bis in die frühen achtziger Jahre, einsehbar im Bundesarchiv Außenstelle Ludwigsburg. Zu Golleschau auch Jerzy Frackiewicz, Das Nebenlager Golleschau, Hefte von Auschwitz Nr. 9, Krakow 1966, S. 57 ff.

Todeszeitpunkt und -umstände von Hermann Reis sind nicht bekannt. Es ist auch möglich, dass Hermann Reis schon in Golleschau gestorben ist, dort ermordet wurde oder gar wieder nach Auschwitz-Birkenau transportiert und dort getötet wurde. Die hier geschilderte Szene ist daher nur ein mögliches Geschehen. Ein Teil der Häftlinge dieses Marsches ist im KZ-Außenlager Brünnlitz gestrandet und wurde dort von Oskar Schindler versorgt. Die Namen dieser Geretteten sind auf einer Liste (auf mietek-pemper.de) verzeichnet. Hermann Reis ist nicht darunter.

Die zwei Überstellungen von Reis in den Häftlingskrankenbau Ende Oktober/Anfang November 1944 sind die letzten auffindbaren Spuren von Hermann Reis (Hinweis Harald Maier-Metz unter Bezug auf das Archiv der Gedenkstätte Auschwitz).

1945 – Das Mädchen und das Ende (S. 186 - 191)

Diese Szene ist inspiriert von Erich Rüppel, Das Vergangene kehrt zurück: Erinnerungen, Norderstedt 2009, S. 29f, der dort die Begegnung seiner damals elfjährigen Schwester 1945 mit Krawielitzki schildert.

Über Krawielitzkis seelischen Zustand in diesen letzten Tagen berichtet John R. Willertz in seiner Dissertation, National Socialism in a German City and County: Marburg. 1933-1945, University of Michigan 1969, S. 496 ff (Universitätsbibliothek Marburg 001 NZ 62740 W 712), auch unter Berufung auf ein Interview mit Krawielitzki sowie einen Brief Krawielitzkis.

Der Wechsel der Uniform vor dem Einmarsch der Amerikaner wird geschildert z.B. bei John R. Willertz, Marburg unter dem Nationalsozialismus, in: Erhart

Dettmering, Rudolf Grenz (Hrsg.), Marburger Geschichte, Marburg 1980, S. 652/653 und positiv kommentiert. Ganz anders sieht dies John Gimbel, A German Community under American Occupation, Stanford 1961, S. 16, der den Uniformwechsel so interpretiert, dass Krawielitzki damit den Widerstand des Volkssturms gegen den Einmarsch der Amerikaner stärken wollte. Das ist sicher nicht richtig, s. z.B. die schriftliche Aussage des NSDAP-Gegners und ersten Nachkriegsoberbürgermeisters Eugen Siebecke vor dem Spruchgericht, Bundesarchiv (Koblenz) Z42 IV – 1527, der Krawielitzki bestärkt hatte, den Einmarsch der Amerikaner friedlich abzuwarten und auch die Dissertation Willertz‘, der über die vorangegangene Abstimmung mit Bürgermeister Voß und dem Offizier des 519ten Regiments berichtet.

Anmerkung zum Epilog (S. 192 - 194)

Die (m.E. unzutreffende) These der Flucht in die USA findet sich im Wikipedia-Eintrag zu Hans Krawielitzki, ebenso bei Rüppel, Das Vergangene kehrt zurück, S. 31 und in: Marburger Rathaus und Nationalsozialismus, aaO, S. 344.

Widmung, Dank und persönliche Anmerkung

Ich widme das Buch meinen zu früh verstorbenen Marburger Freunden Hermann Kurz (1950 – 2001) und Joachim Ganß (1951 – 2019).

Ich danke allen, die mich unterstützt haben: den Mitarbeiterinnen und Mitarbeitern der in den Anmerkungen zitierten Archive und der Universitätsbibliothek Marburg. Herrn Harald Maier-Metz von der Geschichtswerkstatt Marburg danke ich für den Hinweis auf den Nachlass von John K. Dickinson und weitere wertvolle Informationen. Die vielen Arbeiten der Geschichtswerkstatt sind eine reichhaltige Quelle und ich habe viel dabei gelernt. Herrn Werner Stoy danke ich dafür, dass er seine Kenntnisse über Hans Krawielitzki mit mir geteilt hat. Einen ganz besonderen Dank möchte ich an Frau Joan F. Bachenheimer richten, die mir die Einsicht in Briefe und Karten von Hermann, Selma und Marion Reis gestattet hat. Diesen Kontakt und den Hinweis auf die Briefe wiederum verdanke ich Herrn Alexander Schnorbusch.

Ich danke meinen „Erstlesern“ und Kritikern: Friedrich Caron, Regina Möbes, Dieter Rahn, Karin Jäkel und Marita Weiß. Sie haben mir viele Hinweise gegeben, die mir eine ganz wertvolle Hilfe waren. Ebenso danke ich den Teilnehmern der Schreibwerkstatt Winnenden und ihrem Leiter Martin von Arndt, die mehrfach bereit waren, sich einzelne Szenen anzuhören, zu lesen und in ermutigender Weise zu besprechen.

Ein besonderer Dank gilt meinem Lehrer Prof. Dr. Bernd Rüthers für prägende Jahre an seinem juristischen Lehrstuhl in den späten siebziger Jahren in Konstanz. Er hat seinen Mitarbeitern die Freude am Schreiben vorgelebt.

Zur Szene „1917 – Frankreich" möchte ich noch eine persönliche Anmerkung machen: Helmuth Rieth war mein Onkel, auch wenn ich erst 33 Jahre nach seinem Tod geboren wurde. Er fiel nicht lange vor Ende des Krieges am 21.08.1918 in der Nähe von Arras in Nordfrankreich und ist auf dem Soldatenfriedhof Neuville St. Vaast begraben. Hermann Reis war ebenfalls in Nordfrankreich Soldat. Ein Treffen der beiden, wie in der Szene angelegt, ist unwahrscheinlich, aber nicht unmöglich. Die Eltern von Helmuth Rieth, der Pfarrer Ernst Rieth und Lydia Rieth, bekamen 1920, zwei Jahre nach Helmuths Tod, in einem damals für Eltern ungewöhnlich hohen Alter meinen Vater als zweiten Sohn. Es liegt nahe, dass es meinen Vater ohne den Tod des ersten Sohnes nicht gegeben hätte. 1934, im Jahr der Pensionierung meines Großvaters, zogen Ernst Rieth, seine Frau und sein Sohn Dietrich, mein Vater, aus dem Saarland nach Marburg. Und damit wurde auch mein Vater Schüler der Adolf-Hitler-Schule, d.h. der Oberrealschule mit Gymnasium von Hermann Reis und Hans Krawielitzki, die viel später auch meine Schule wurde, dann allerdings als die Martin-Luther-Schule, die sie auch heute ist.